pages

10th COLLECTION

pages

10th COLLECTION

가족이어서 할 수 없는 이야기

강백수
김시은
김연지
두루
리누
박지용
손현녕
안소현
이성혁
정현지
조가비
차영남

가족家族

1. 명사 부부를 중심으로 하여 그로부터 생겨난 아들, 딸, 손자, 손녀 등으로 구성된 집단. 또는 그 구성원. 혼인, 혈연, 입양 등으로 이루어지며 대개 한집에서 생활한다. (=가솔, 가실, 처노, 식구, 집)

2. 명사 법률 동일한 가족 관계 등록부 내에 있는 친족.

3. 명사 같은 조직체에 속하여 있거나 뜻을 같이하는 사람을 비유적으로 이르는 말.

'pages'는 여러 사람의 'page'가 모여 완성된 책입니다.
매 권 특별한 소재와 주제(혹은 문장)와 장르 안에서
다양한 글을 엮어 만들어 냅니다.

목차

머릿말 010

김연지
죽어서도 끊어지지 않는 012

손현녕
사랑의 앞뒤에는 슬픔이 있다 022

차영남
잃어버린 자유 032

리누
너의 졸업식 046

정현지
불 꺼지지 않는 방 062

두루
다소 소란스러운 072

조가비
아버지의 시간 088

김시은
신부입장 같은 소리 106

안소현
LOVE + Y (why) / 왜 사랑인가 120

박지용
드라이기를 켠다 136

강백수
처가 148

이성혁
언제나 1미터 안에 있다 166

편집자의 말 174
맺음말 178

페이지스의 열 번째 이야기 '가족이어서 할 수 없는 이야기'는 가족의 이야기입니다.

전통적인 가족의 개념인 피붙이부터 여러 가지 상황으로 인해 가족이라는 울타리 안에 들어온 관계의 이야기, 혹은 가족이라 생각할 수 있는 범위에 발을 디딘 누군가의 이야기를 모았습니다.

우리가 '가족'이라고 묶을 수 있는 관계의 거리는 어디까지 일까요? 각자의 생각이 다른 이 거리를 우리는 어떻게 측정하고 있나요. 보편적으로는 가깝다고 (혹은 가까웠다고) 여기는 가족의 정의에 대해 의문을 던지며 이번 페이지스는 출발합니다.

사람마다 관계의 정의는 다 다르고 같은 관계에 대한 각자의 태도 또한 다릅니다. 어떤 이는 가까운 사이여서 더 아끼고 사랑하는가 하면 어떤 이는 가까운 사이이기에 함부로 대하게 되기도 합니다. 때로는 의도치 않게 부는 작은 바람에 다치지 않을까 조심하고 또 배려하기도 하고, 때로는 마음이 가는 곳으로 바람을 불어 대상을 움직이게도 합니다.

가족이기 때문에 또는 가족만큼 가까운 사이이기 때문에 하지 못한 말을 페이지스에 담았습니다. 보통의 가족에게 또는 다양한 형태의 가족에게 하지 못했던 12명의 작가의 이야기를 책에 담았습니다. 보편적이지만 보편적이지 않은 이야기들이 여러분을 기다리고 있습니다.

죽어서도 끊어지지 않는

김연지

여름에 산문을 쓰고 겨울에 시를 쓴다. 산문집 『기대어 버티기』를 썼다.

송자씨, 밖이 시끄러울 거예요. 당신의 어머니, 아버지, 언니들, 가깝고 먼 친척들, 그리고 모르는 하객들이 문밖에서 당신을 기다리고 있습니다. 당신은 초조합니다. 붉은 점이 찍힌 양쪽 볼을 만져도 보고, 쪽진머리를 쓸어봅니다. 미끄럽고 부드럽습니다. 거울에 비친 당신은 조금 낯선 얼굴입니다. 얼굴도 모르는 신랑을 기다리며. 무섭지는 않나요? 다행히 그 사람, 팔봉은 볼품없지 않고, 성정도 다정하답니다. 그렇게 말해줄 수 있습니다. 나는 당신의 결혼일로부터 60여 년이 지난 2025년도에 있거든요. 나는 당신의 손녀입니다. 60년 전에 찍힌 당신 결혼사진을 보고 있습니다. 소녀라고 하기엔 여자가 덧씌워진 차림새입니다. 여자라고 하기엔 소녀의 얼굴을 감출 수 없습니다. 당신을 보는데 속이 찌렁찌렁합니다. 당신이 제 사진을 보며 자주 했던 말입니다.

 결혼식이 끝나고 얼마 지나지 않아 당신은 첫째 윤점을 낳게 됩니다. 남자 아이가 아니었지요. 그때가 당신 나이 스무 살 때입니다. 1년 후에 둘째 정옥을 낳습니다. 또 여자아이입니다. 무섭지는 않았나요? 영영 남자아이를 낳지 못할까 봐. 다행히 세 번째 출산 때는 남자아이를 낳습니다. 이름은 명조고, 넷째 명관 또한 남자아이입니다. 이 모든 출산이 6년 사이에 일어난 건 당신의 의지였을까요. 아니었을까요. 그 생각을 하면 조금 슬퍼지는데, 이건 순전히 저의 감정이고 당신은 핏덩이들을 안을 때마다 심장이 환해졌을 수도 있지요. 그럴 것 같습니다. 당신이라면. 송자씨, 나는 둘째 정옥이의 딸입니다. 당신의 손에 내가 자랐으니, 다섯 번째 아이이기도 하네요. 나는 당신이 키운 어느 아이들보다 당신을 못살게 굴었습니다. 머리만 땅에 대면 자지러지게 울고, 당신 등이 아니면 잠들지 않았습니다. 밥도 잘 안 먹고, 당신에게 동화책을 읽어주겠다고 늦은 시간까지 당신을 재우지 않았습니다.

    송자씨, 여기까지가 내가 아는 당신 삶의 고된 날들입니다. 아주 작은 부분입니다. 엄마가 아는 당신의 삶을 나는 알지 못하고, 당신 삶을 나는 들어본 적 없습니다. 다만 아는 건, 당신은 아주 가난했고, 가난하고, 자식들이 다 큰 후에야 가난으로부터 조금 놓여난다는 것입니다. 그리고 나는 가난을 모르고 자랐습니다. 지긋지긋한 가난을 겪은 당신과 정옥 덕분에요. 이 모든 걸 제가 알려준다면, 당신은 분냄새로 가득한 그 방을 뛰쳐나갈까요? 다른 나라에서 다른 삶을 살 수도 있을까요? 좀 더 자유로울까요? 아니면 더 외로워질까요?

할머니, 이건 신장이야.

이건 폐야.

이건 심장이야.

어린 내가 유치원에서 배워 온 것들을 당신에게 가르쳐 주고, 당신은 허리를 굽히고 앉아 꾸벅꾸벅 조는 장면이 나의 가장 오래된 기억입니다. 첫 기억이기도 하지요. 그리고 당신과의 마지막 기억을 떠올립니다. 나는 죽은 당신의 머리를 쓸어본 적 있습니다. 차갑고 곱슬곱슬한 머리카락. 차가운 이마에 입 맞춘 적 있습니다. 사실은 무서웠습니다. 엄마 정옥이, "연지야, 할머니야. 인사드려."라고 하지 않았다면 당신을 만지지도 못했을 겁니다. 그런데 할머니. 할머니는 너무 할머니였어. 차갑기만 할 뿐 살결이 그대로였어. 할머니, 연지 왔어. 하면 금방 에구구 하고 일어나 안아줄 것 같았어. 금방이라도 엎어지듯 안아줄 것 같았어. 할머니. 보고싶어. 죽음이 무섭지는 않았어?

송자씨. 그날 나는 당신의 영정사진을 들고 장례 행렬의 맨 앞에 섰습니다. 원래라면 장손인 사촌오빠가 그 자리에 서야 했을 텐데요. 빼앗길 수 없었습니다. 응당 내 자리여야 했습니다. 그렇게 말했을 때, 웃어른들 모두가 수긍했습니다. 당신도 그러기를 원할 것이라고. 내 뒤에 당신의 핏줄들이 줄줄이 섰습니다. 나는 그제서야 눈물을 멈출 수 있었습니다. 영정사진을 품에 안아들었을 때, 마치 내 어깨에 따스한 빛이 여러 겹 겹쳐진 것만 같았어요. 그 빛이 나의 걸음을 이끌어내는 것 같았어요. 어미 고양이가 아기 고양이의 목덜미를 잡아 물 듯, 사흘 내내 나를 짓누르던 슬픔의 목덜미를 누가 잠시 물고 있는 것 같았어요. 울고 싶은 사람들을 마음껏 울게 하는 것. 이것이 맨 앞에 선 사람의 역할이구나. 생각하며 사뿐사뿐 산책하듯 걸음을 옮겼습니다. 당신이 매일 눈을 뜨고 감았던 집으로, 언젠가 삼촌이 당신을 데려왔다는 바닷가로, 그리고 당신의 고된 몸을 고운 재로 바꾸어줄 화장터로.

걸어 다니며 생각했습니다. 이게 진짜 이별인가? 낌새도 없이, 갑자기, 툭. 당신은 내가 고비사막에서 사경을 헤맬 때 내 꿈을 꿨다며 전화한 적 있잖아요. 서로 동시에 전화를 거는 바람에 한참 서로의 통화중 연결음만 들었던 적도 많잖아요. 뜬금없이 '오늘은 꿈자리가 숭숭하니 차를 조심해야 한다'고 단단히 일렀던 적도 있잖아요. 그래서 나는 늘 영혼의 일부가 당신과 연결되어 있다고 여겼었는데. 그것마저 툭, 끊어진 걸까요? 이제 내가 당신을 생각할 때, 당신은 나를 생각할 수 없는 건가요? 그렇지만 정말 영혼이란 게 있다면, 그것으로 인해 우리가 그토록 촘촘히 이어져 있던 것이라면, 죽음 이후에도 당신과 나 사이엔 거리와 시간을 뛰어넘어 연결된 실 같은 것이

분명히 존재할 것이라고 믿고 싶습니다. 당신 성격에 이렇게 허겁지겁 떠나지는 않았을 것이다. 분명 내게 무언가 남겼을 것이다. 그것을 향해 죽어서도 신호를 보내고 있을 것이다. 슬픔을 달래려 멋대로 상상을 했습니다. 그 신호는 무엇이며 어디를 향하고 있는가?

혼자서는 몸을 일으킬 수 없는 아침마다 나는 그날의 행진을 떠올립니다. 그날 내가 느꼈던 기이한 생동감을 기억해 냅니다. 거대한 슬픔의 무리를 다른 곳으로 움직이게 한 힘이 무엇인가 고민합니다. 그러면 나는 또 행진에 가장 맨 앞에 선 사람이 된 것만 같고, 그 힘을 동력 삼아 맨 앞에 서지 않아도 되는 행렬을 찾아 나서게 되는 겁니다. 색색의 깃발이 나부끼는 거리로, 모두가 자기 삶의 최전선에서 발언하던 무대로, 널 생각하면 강해진다는 노래가 울려 퍼지던 광장으로. 가장 소중한 것을 쥐고 나온 사람들이 그곳에 있었습니다. 슬프고 분한 사람들이 할 수 있는 것이 단지 슬픔과 분노를 서로의 얼굴을 보며 확인하는 것뿐이라 할지라도요. 단지 거기에 있음으로서만 말해질 수 있는 마음들이 거기에 있었습니다. 전쟁을 반대하는, 살육을 거부하는, 자신의 몸을 긍정하는 몸들을 보기 위해 나는 자꾸만 나는 광장으로 향했습니다. 그런 나를 본다면 당신은 혀를 끌끌 차며 말하겠지요.

왜 자꾸 고된 곳에 가누.

정말 그렇게 묻는다면, 이게 다 당신 때문이라고 대꾸할 것 같습니다. 내가 올곧이 받아왔던 사랑이 나를 가르쳤습니다. 충분히 나 자신으로 살아도 된다고. 네가 원하는 곳으로 가라고. 내가 쥔 가장 소중한 것은 때로는 촛불 하나이기도, 무지개 깃발이기도, 다른 이의 손이기도 합니다만 그 모든 것을 쥐게

하는 힘은 당신에게 물려받은 사랑이라는 것을 이제 나는 압니다. 그 사랑을 소용 있게 쓰고 싶습니다. 다 쓰고 당신에게 갈 것입니다.

사랑의 앞뒤에는
슬픔이 있다

손현녕

『순간의 나와 영원의 당신』 그리고 『나를 더 사랑해야 한다 당신을 덜 사랑해야 한다』를 썼습니다. 가끔은 죽고 싶은 하루를 보내고, 가끔은 미치게 살고 싶은 하루를 보냅니다. 진심은 언젠가 통하고, 사랑은 이 세상 현존하는 최고의 가치라 믿으며 삽니다.

사랑의 앞뒤에는 슬픔이 있다. 사랑이 홀로 서는 일은 드물다. 대개 그 앞뒤로 찾아드는 슬픔이 그 사랑을 더 깊고 검게 만든다. 슬픔의 강도로 사랑의 크기를 가늠할 수 있을까. 영영 끝나지 않을 아픔을 거친 뒤에야 사랑은 완성된다. 핑크도 블루도 아닌, 검고 칠흑 같은 사랑. 둘러보니 주변의 사랑은 온통 그 빛이었다.

여느 날처럼 출근했지만 그녀의 자리는 비어 있었다. 늘 두 시간 먼저 와서 덜 마른 머리카락을 빗으며 환하게 웃어주던 사람이었는데, 그날은 원래 사람이 없었던 것처럼 자리가 까맸다. 의자 등받이 위에 걸려 있던 가디건도, 서류 위에 올려놓던 머그컵도 보이지 않았다. 사무실은 평소와 같은 공기를 마시고 있었지만 어쩐지 온도가 한참 낮아진 듯했다.

오후 늦게야 나타난 그녀는 표정이 없었다. 초조한 듯 입술을 깨물었지만, 동료들에게는 평소처럼 웃어 보였고, 텅 빈 눈동자로도 웃을 수 있었다. 내게 먼저 "현녕씨, 주말 잘 보냈어요?"라고 묻는 여유까지 보였다.

"곧 있을 배드민턴 대회 때문에 주말 내내 운동했어요. 경미씨는요?"
"저는 병원에 있었어요."
"어디 아프세요?"
"제가 아니라, 가족 병간호하러 다녀왔거든요. 여동생이 좀 아파요."

그 말을 들은 순간, 마음 한구석이 조용히 덜컥 내

려앉았다. 무슨 병인지 묻고 싶었지만, 입술이 쉽게 떨어지지 않았다.

"사실 우리 동생이 암에 걸렸는데, 지금 상태가 좋진 않아요. 뇌까지 퍼져서… 고통에 의식을 잃을 때도 있고요. 매주 가서 그냥 옆에 있어 주는 거죠. 손을 꼭 잡고 있으면 조금 숨이 가라앉는 것 같아서…"

그녀의 말 속에 '손을 잡는' 장면이 길게 머물렀다. 병실 한가운데, 하얀 시트 위에 누운 여동생의 얼굴. 창밖에서 흘러드는 오후 빛이 머리카락 위로 번지는 모습. 언니는 한 손으로 동생의 손을 잡고, 다른 한 손으로 조용히 머리카락을 쓸어내리고 있을 것이다. 그 모습이 상상 속에서 선명해질수록, 목구멍이 먹먹해졌다.

며칠 뒤, 그녀는 또 자리를 비웠다. 이번에는 사흘 넘게 돌아오지 않았다. 전화를 걸까 하다 그만두었다. 그녀를 찾은 건 사무실이 아니라 장례식장이었다. 검은 옷을 입고 손님을 맞이하는 그녀. 처음으로 우리는 서로를 끌어안았다.

영정 속의 여동생은 너무도 젊고 깨끗했다. 요절한 나이를 표기하지 않는 조문록의 빈칸이, 오히려 모든 것을 말해주고 있었다. 영정을 바라보는데, 마치 오래 알고 지낸 사람처럼 가슴이 뜨겁게 젖었다. 그곳에 모인 사람들은 서로 알든 모르든 울었다. 사랑이기에 울었고, 이별이기에 서로를 부둥켜안았다. 슬픔 속에서 검은 사랑이 피었다.

그 슬픔의 늪에서 빠져나오기도 전에, 나는 비행기에 올랐다. 친구의 결혼식을 축하하기 위해서였다. 하얀 드레스를 입고 수줍게 웃는 신부. 신랑 옆에서 결연한 표정을 짓는 그의 부모. 신부 옆에 선 아버지는 딸의 손을 잡은 채, 웃음 속에 묽은 슬픔을 숨기고 있었다. 그들을 바라보며 전날의 장례를 떠올린 나는, 이 순간이 얼마나 귀한지 더 절실히 느꼈다.

결혼식이 끝나고, 급히 자리를 옮겨 또 다른 오래 알고 지낸 부부와 식사를 했다. 일 년 만에 만난 우리는 언제나 그랬듯 따뜻하게 포옹을 나누고 아껴두었던 맛집으로 갔다. 주문한 음식이 나와 한술 뜨려는데 맞은 편에 앉은 그녀가 말했다.

"현녕, 놀라지 말고 들어. 소리 지르면 안돼."
"뭐예요, 혹시 로또 됐어요?"
"지금 내 배 속에 아기가 있어."

결혼 8년 차, 지병 탓에 임신을 쉽게 시도하지 못했던 부부였다. 마음먹고 아이를 가져보겠다거나 아니면 아예 가지지 않겠다거나 어느 쪽으로도 단정지은 일 없이 시간을 건강히 보내왔던 그들에게 예상치 못한 생명이 찾아왔다. 남편이 아내의 손등을 쓰다듬었고, 그녀는 내 손을 가져가 자기 배 위에 올렸다. 그 온기는 오래된 겨울 햇살 같았다. 부드럽지만 뼛속까지 스며드는 온기.

눈물방울을 주렁주렁 달고는 귀한 배를 쓰다듬고 눌러보며 태아와 인사를 하는데 한편으로 가슴이 퍽 답답하고 무거웠다. 생명의 시작과 끝의 장면 그리고 또 다른 하나가 된 두 사람의 출발까지 단 스물네 시간도 안 되는 시간 속에서 홀로 감당하고 있었기 때문일까.

이 글을 쓰는 시간에도 누군가는 생의 마침표를 찍고 또 누군가의 배에서 세포가 분열하여 생명이 만들어지고 또 누군가는 열심히 힘을 주어 새 생명을 낳고 있겠지. 그리고 또 어느 커플이 이 순간 결혼을 결심하고 또 어느 두 사람은 하나가 되어 있을 것이다. 주변에서 일분일초마다 일어나는 일일 것이다. 눈에 보이는 마침표들만 그런 것이 아니라, 너와 나의 눈에 보이지 않을 뿐 분명 멈추지 않고 우리는 늙어가고 있으며 어디론가 떠나갈 준비를 하고 있는 것이다.

조금 더 건강히 사랑하며 머무르고 싶은 마음이 욕심일까. 사랑의 앞뒤에는 늘 슬픔이 있다는 걸 알고 삶을 대하면 좀 더 나아질까. 가족을 만드는 일이 자꾸 두려운 이유는 사랑의 전후에 도사리는 슬픔의 가능성을 가늠할 수 없었기 때문이다. '그것이 다 사람 사는 일'이라는 통찰을 쉽사리 받아들이고 싶지 않은 숨죽은 소심함 때문일 수도 있겠다.

극단의 이틀을 보내고 제 자리에 돌아와 한동안

멍한 채로 낮을 보내고 사랑하는 남편을 바라보며 모로 누워 자주 밤마다 울었다. 우리의 얼마 되지 않은 결혼식 장면과 훗날 배 속에 찾아올 아기의 소식과 누가 먼저 될진 몰라도 아주 먼 어느 날 이 세상을 떠날 두 사람 중 하나의 마침표를 생각하면서 앞서 겪은 남들의 이야기가 곧 우리의 이야기라는 것에서 그리도 나는 울고 웃었다.

도사리고 있는 슬픔을 뱀처럼 여기지 말아야지. 뱀과 맞서 싸워 이길 생각을 말아야지. 슬픔이 뱀처럼 스르륵 나타나 내 발목을 콱 물어댈지라도 내 차례가 왔구나 받아들이면 되는 일이며, 그 뒤에 남은 자리에 사랑이 피어나고 말 거라는 진리를 믿으며 살자고 다짐한다. 내가 믿게 된 것은 사랑은 검은색이고 그 사랑의 앞뒤에는 항상 슬픔이 있다는 것이며, 뒤집어 그 말은 슬픔이 왔다면 그것은 사랑을 몰고 온다는 것이니 겸허히 기다려보자는 말과도 같다. 사랑의 앞뒤에는 슬픔이 있다. 슬픔의 앞뒤에는 사랑이 온다.

잃어버린 자유

차영남

수백 번 넘어져도 다시 일어설 수 있는 힘이 유일한 재능인 사람.
신세한탄을 하면서도 해야 할 일은 꾸준히 해내는 사람.
그래서 오늘도 연기하고 글을 씁니다.

연애 시절, 아내와 나는 궤도를 벗어난 별처럼 자유로웠다. 행복을 좇는 일이라면 정해진 길을 이탈하고, 가슴이 뛰는 일이라면 규칙 따윈 가뿐히 내던지던 질풍노도의 시기였다. 철부지 소년 소녀의 풋내기 사랑 같았지만, 가진 게 없어도 웃을 수 있었던 우리만의 세상이었다.

만나면 해가 뜰 때까지 수다를 떨며 맥주를 마셨다. 주제는 상관없었다. 각자 하고 싶은 말을 하고 들어주었다. 취향이 맞든 안 맞든 다름을 수용할 수 있는 태도가 우리를 유지했다. 품고 있던 이야기 보따리를 풀어낼 수 있다는 것만으로도 서로에게 필요한 존재가 되어주었다.

하루는 제주도에 가고 싶다는 그녀의 말에 목포까지 차를 몰았다. 작은 경차에 캠핑 짐을 가득 싣고 대형견인 공칠이까지 태운 여행이었다. 목포항에서 배에 차를 올리고 제주도로 향했다. 우리처럼 반려견과 함께 하는 한 가족이 반려견 가족실에 들어왔다. 한 부부와 서너 살쯤 된 어린 여자아이가 출렁이는 배 위에서 반려견과 함께 놀았다. 공칠이와 함께 하는 여정만으로도 버거움을 느끼던 우리는 어린아이까지 함께하는 여행이 얼마나 힘들지 잠시 생각했다.

제주항에 도착해 예약한 숙소로 향했다. 판포해변은 여행객이 드물고 조용한 골목이 많아 첫날 쉬기에 좋았다. 지금은 젊은이들이 다이빙을 하는 명소가 되었다고 하는데 우리가 묵었던 숙소는 현재 사라졌다고 한다.

다음날부터는 바다 앞에서 캠핑을 했다. 김녕해변 야영장 근처 사람들이 없는 곳에 사이트를 설치할 수 있었다. 무더운 날씨였지만 밤이 되면 선선한 바람이 불었고, 노을이 보랏빛으로 물들었다. 씻을 곳이 마땅치 않아 모텔에 오천 원을 주고 샤워만 하고 나왔다. 정한 것도 없이 느낌이 오는 식당에 들어가서 밥을 먹고, 시도 때도 없이 수영했다. 걷는 길이 모두 새롭게 펼쳐지는 도로 같았고, 물속에서 뻗는 팔은 미지로 향하는 항해 같았다. 책임질 것이 없었던 우리는 제주의 햇살과 바람 속을 한없이 흘러 다녔다. 느긋한 공기 속에서 파도처럼, 바람처럼 가볍게 유영하듯 제주를 떠다녔다.

그러던 어느 날, 아이가 생겼다. 결혼식은 생략했다. 혼인신고를 마치고 대출 받아 신혼집을 구했다. 나는 되는대로 일을 구했다. 다행히 운영 중인 가게가 조금씩 매출이 오르고 있었고, 드라마 한 편에 참여하게 되어 출연료로 생계를 유지할 수 있었다.

당시엔 코로나19 팬데믹 이슈로 세계가 시끄러웠다. 아내는 임신한 상태에서 백신 맞기를 거부했다. 백신 인증이 없으면 식당에 들어갈 수 없어 외출이 힘들었다. 활발한 성격의 아내는 집에 있는 게 답답해 스트레스를 받기도 했지만, 배 속 아기의 태동이 느껴질 때면 우린 숨을 죽인 채 그 작은 움직임을 온몸으로 느꼈다.

하필이면 코로나 바이러스에 감염된 상태에서 진통이 찾아왔다. 119에서는 코로나 환자가 분만 가능한 병원을 찾기가 어렵다고 말했고, 구급차가 왔지만 받아 줄 병원을 구하는 데 시간이 걸렸다. 겨우 병원을 구한 구급차는 아내를 태워 떠났고, 격리된 나는 집 창문으로 그 모습을 바라봐야만 했다.

다행히 아이는 건강하게 태어났다. 아내는 보호자가 없는 탓에 초인적인 힘을 발휘하게 된 건지, 출산한 사람이라곤 믿기 힘들게 다음날부터 홀로 걸었다. 우리는 각자의 격리 시설 안에서 일주일을 꼬박 보내고 격리가 해제되자 만날 수 있었다.

아이를 처음 만난 순간의 감격이 선명하다. 너무 작아서 안으면 부서질 것만 같던 여린 몸, 눈을 뜨지 못해 입술만 벙긋거리는 얼굴, 이유를 알 수 없이 계속 내뱉는 울음. 생명의 탄생이란 어떤 이유를 갖지 않아도 인간에게 본능적으로 환희를 안겨주는 일이라고 생각했다.

시간이 지나자 아이는 눈을 뜨고, 몸을 뒤집고, 기어다니고, 마침내 일어서며 성장했다. 몇 시간 간격으로 잠에서 깨 분유를 먹여야 했던 시간도 지나고 이유식을 온 바닥에 뿌려가며 먹는 시간도 지났다.

어느덧 아이가 네 살이 되었다. 로제의 노래를 따라 부르고 패드를 조작하며 유튜브도 볼 수 있게 됐다. 밤에 잠이 들면 아침까지 푹 자주는 덕에 아내와 맥주 한 잔 할 수 있는 여유가 생겼다.

하지만 예상과는 다르게 우린 고요했다. 예전처럼 좋아하는 음악을 들으며 신나게 수다를 떨 줄 알

앉으나 각자 스마트폰을 보면서 맥주 한 캔을 마시는 게 전부였다. 아내는 육아에 지치고, 나는 일에 지쳐 만난 집에서 끝없는 아이의 질문과 부름에 답하며 피로해진 귀와 입은 침묵으로 변했다. 수다 떨 힘도 없는 우리는 영화를 보기엔 너무 늦었고, 결국 예능이나 한 편 켜놓고 맥주를 마시다 잠이 오면 아내는 아이 옆에, 나는 소파에 누워 잠에 들었다.

아이와 함께하는 외출 역시 힘듦을 동반했다. 아이의 옷이며 먹을거리를 바리바리 싸 들고, 가는 중간에 짜증을 낼 때마다 꾸준히 간식을 입에 넣어주거나, 아이가 화장실이 급하다고 하면 몇 번이고 멈춰 화장실에 들러야 했다. 예정된 도착 시간보다 늦어질 때마다 함께 만나는 지인들에게 미안하다는 말을 반복해야 했다. 차라리 만남을 포기하는 게 우리에게 덜 힘든 일이라고 여기기도 했다.

특히나 여행을 가는 날 우리 부부에겐 뭘 입을지, 뭘 할지, 사진을 어떻게 찍을지 같은 건 생각할

겨를이 없다. 매일 어린이집에서 옷에 물감이나 과즙 같은 걸 묻혀 오는 아이가 여행에서만큼은 예쁜 옷을 입길 바라면서 선물 받은 원피스를 입혀 예쁜 사진을 찍는 게 우리의 목표였다.

결국 아이 사진만 잔뜩 찍은 사진첩을 공유하고, 맛집을 찾아갈 때쯤 졸음이 쏟아지는지 짜증을 내기 시작하는 아이를 바라보며 외식을 포기하고 먹을 걸 포장해 숙소에서 먹다 잠이 든다.

'그래. 이런 게 부모의 삶이고 기쁨이지 뭐….' 하면서도 한편으로는 아쉬움이 가득한 우리의 여행이 끝나면 아내는 릴스나 쇼츠 같은 영상으로 자유로운 여행을 하는 사람들의 삶을 바라보고 있다. 가족이 되었기에 개인의 자유를 포기해야 하는 것을 알면서도 미처 펼치지 못하고 있는 열망이 가슴 속에서 응어리지고 있는 건 아닐까.

그러던 중 한 번은 아내의 생일날 아이를 장모

님께 맡기고 공칠이도 반려견 호텔에 맡긴 뒤 후쿠오카로 여행을 갔다. 이박 삼일이라는 시간을 최대치로 즐기기 위해 우리는 아침 비행기를 선택했고 꼭두새벽부터 준비해 후쿠오카에 도착했다.

자유의 몸이 된 우리는 행복했다. 커다란 짐을 끌며 지하철을 타고 숙소까지 가는 과정조차 즐거웠다. 무더운 날씨에 무거운 여행 가방을 끌고 가는 모습이 웃겨 사진을 찍고, 배경이라고 할 만한 것도 없는데 오랜만에 둘이 셀카를 찍었다.

줄을 많이 서도 되는 맛집에 가고, 노키즈존이거나 아이가 먹을 만한 메뉴가 있는지 확인하지 않아도 아무 곳이나 들어갈 수 있고, 아이를 데리고는 들어갈 수 없는 조용한 바에서 재즈를 들으며 둘이 위스키도 한 잔 씩 마셨다.

아이가 물에서 위험하진 않을까 하는 걱정 없이 물에 들어가 놀고, 술을 진탕 먹고 비틀거리며 겨우 숙소에 도착해 알람도 맞추지 않고 푹 잤다.

"너무 재밌다."

우리가 한 일이라고는 맛있는 음식을 먹고 술을 마시는 평범한 일이었지만, 고민에서 자유로워졌다는 것과 선택의 폭이 넓어졌다는 것, 두 가지만 달라졌을 뿐인데 미치도록 즐거웠다. 과연 우리는 아이와 함께 하지 않는 시간이 더 행복한 걸까. 불편한 기분이 들었다.

그럼에도 귀국 하자마자 아이에게 달려가 꽉 안아주고, 꼬리를 흔드는 공칠이를 반려견 호텔에서 껴안으며 '이게 행복이구나'하는 아이러니한 상황을 마주했다. 이제 우리에겐 부부만의 시간이 잠시의 일탈이고, 가족 모두가 함께하는 시간이 곧 일상임을 깨달았다.

아이가 우리에게 주는 건 도대체 무엇일까. 개인의 자유를 앗아가기도 하고, 부부간의 다툼이 대부분

아이로 인한 갈등으로 시작되는데 왜 우리는 이토록 자식을 사랑하는 걸까. 부부의 결실로 이루어진 탄생이기에 그런 걸까. 진화심리학에 의한 유전자의 연장을 위한 인간의 본능일까. 순수하고 사랑스러운 어린 생명체이기 때문일까. 함께 한 시간이 우리를 그렇게 만든다고 하기엔 고작 사 년 남짓한 시간이다. 시간 때문이라면 몇십 년을 함께 한 부부도 이혼하는 일이 허다한데, 자식을 포기하는 일은 적지 않은가. 자식이란 무엇일까.

결국 이 답을 여전히 찾지 못했다. 개인적인 생각으로는 '유일한 책임자'라는 생각이 강하다. 오직 부모만이 그들을 온전한 마음으로 보호하고 양육할 수 있기 때문 아닐까.

어린이집 행사에 가면 모든 아이가 귀엽지만 부모들에게는 유독 자기 아이만 눈에 들어온다. 여기저기서 "내 새끼가 제일 잘하네." 소리도 들린다. 분명 제일 잘하지 않는데 다들 그렇게 말한다. 콩깍지가 제대로 씐 것인데, 이 부분에서 사랑이라는 걸 조금 알게 되었다.

첫 눈에 반하게 되는 사람이 있지 않은가. 모든 점이 예쁘고 사랑스러워 보이고 내 인생에선 최고가 되는 하나의 대상이 생기는 순간이. 하지만 연인이나 부부는 시간이 지날수록 콩깍지가 점점 벗겨져 어느 순간 친구 혹은 남 못지않은 날이 오기도 하는데, 자식에게는 콩깍지가 벗겨지질 않는다는 생각이 들었다. 자식이 나이가 들고 남들보다 부족해도 여전히 '내 새끼가 최고'라는 생각이 부모에게선 좀처럼 사라지질 않는 것 같다.

물론 가정마다 사정에 따라 다르겠지만, 자식이 희대의 불효자식이 아닌 이상 세상 떠나는 그날까지 걱정하는 게 부모의 자식 걱정 아니겠나. 자식이 재벌이어도 "밥은 먹고 다니니?"하고 물어보는 게 부모의 마음이다.

이런 상황을 내 딸에 비추어, 과연 나는 부모로서 자식을 남처럼 대할 수 있는가 상상해보니 도저히 상상이 되지 않는다. 딸이 배시시 웃기만 해도 마음이 녹아내리는데 무슨 수로 사랑하지 않을 수 있을까.

고작 네 살밖에 안 되었는데도 어떤 표정에서는 나의 어릴 적과 너무 닮아서 마치 나를 거울로 보는 듯한 느낌이 들곤 하는데, 그럴 때 이상한 부성애가 느껴지곤 한다. 나를 닮은 게 뭐가 그리 중요한가 고개를 절레절레 저어봐도 '핏줄은 핏줄이구나'하는 진부한 고정관념이 머리를 지배한다.

이번 글을 쓰는 내내 딸의 방해를 받았다. 작업실에서 글을 쓰고 있으면 어김없이 올라와 내 무릎에 앉아 노트북 자판을 두드리고, 밖에 나가 놀자고 손을 잡고 끌어당겼다. 일해야 한다고 말하면 "아빠, 사랑해요. 나랑 놀아주세요."라고 말한다. 딸의 초롱초

롱한 눈빛을 바라보며 어찌 내가 글을 쓸 수 있겠나. 거절했을 때 울먹거리는 딸아이의 표정을 바라보고 있자면 죽을 맛이다. 결국 매일의 글쓰기는 실패하고 아이가 잠들었을 때 잠을 줄여가며 겨우 썼다.

    자식이란 이토록 무서운 존재다. 내 모든 것을 포기하게 만들 수도 있는 무시무시한 존재. 아마 날이 지나 성장할수록 더욱 무서운 존재가 될 거다. 그래서 정신을 바짝 차리려고 한다. 딸의 꾐에 빠져들지 않고 개인으로 존재할 수 있는 시간을 지킬 수 있도록. 개인의 자유를 빼앗기고도 웃음 한 번에 모든 걸 내려놓지 않는 강철 멘탈을 지니며 늙을 수 있도록. 어른이 된 아이가 더 이상 부모의 돌봄을 필요로 하지 않아 온전한 개인이 되려는 날에도 한 걸음 뒤에 서서 바라볼 수 있는 아버지가 될 수 있도록. 잃어버린 자유가 아니라, 나 또한 성장하고 있는 시간임을 알게 해준 딸 재이에게 고마움을 전하며.

너의 졸업식

리누

"읽는 사람이 쓰는 사람으로"를 한 줄 소개로 운영하는 그런 의미에서 책방지기.
여행 에세이 두 권과 소설 한 권, 책방 에세이 한 권을 썼다.

드디어 너의 고등학교 졸업식이다.

얼마 전에 성인이 되었다고 이리저리 쏘다니며 술도 마셔보고, 고등학교 친구들과 마지막일 것처럼 만나며 노는 모습이 걱정되기도 하다가도 한편으론 이때가 아니면 안 되니까. 다시 또 대학교에 새로 다니기 전까지 그 짧은 몇 개월만큼 인생에서 지금과 같이 즐길 수 있는 시간은 없으니까. 그저 집에만 조심히 잘 들어오면 좋겠다는 생각이다. 여전히 내 눈에는 어린 시절모습이 그대로인데, 여전히 어려 보이는데 갑자기 스무 살이 되고 성인이라는 것이 이상하리만큼 낯설게 느껴진다.

얼마 전 수능을 준비할 때는 괜히 나도 떨려서 뭐라 말을 건네지도 못했다. 무심코 던지는 한마디가 부담이 되거나 상처가 될까 봐 어쩔 수 없이 쉬엄쉬엄하라고 했는데, 극도로 예민한 이 시기에는 그 말 한마디도 잘못 전달될까 봐 걱정했다. 한편으론 집에서 공부를 하나도 안 하는데, 학교랑 학원에서는 열심히 하는지 무척이나 궁금했다. 뭐 알아서 한다곤 하는데 괜히 내가 더 조급했지. 매번 자기소개서 쓴다는 녀석이 다시 돌아와 보면 친구들이랑 게임하고 있으니 이도저도 못했다. 그렇지? 이 정도면 부모 된 내 마음도 이해해 줘야 하지 않나 싶은데. 그럼에도 괜히 또 사춘기 시기의 너랑 부딪치고 싶지 않으니 치킨이나 시켜줬다.

그런데 그 시기에 살이 좀 많이 찐 것 같기도 하고. 수능을 준비하느라 매번 자정이 다 되어서 오면, 그때마다 배고프다고 하니 밥을 차려줄 순 없고, 씻고 나오면 먹을 수 있게 자주 음식을 주문해 주었지. 거의 주마다 한 번 이상을 그렇게 먹어서 그런가. 성장을 마쳐서 그런가. 키로 가야 할 것들이 배로 가는 것처럼 보여서 교복이 위태로워 보일 정도였어. 많이 앉아 있느라 헤지는 것 때문에 천을 몇 번을 누볐는지 모르는데, 두꺼워지는 몸 때문에 실밥도 아슬아슬해졌다. 가끔은 새벽에 일어나 배고프다며 고기를 구워 먹던 것을 생각해 보면 성장기처럼 더 클까 싶은데 그러기엔 시간이 이미 지났었지? 그나마 공 하나 던져주면 열심히 뛰어다니는 것만큼은 다행이다.

이렇게 성인이 되고 졸업한 기쁨을 조금 누리고 나면 같이 제천에 있는 고수동굴로 가자. 나의 평생에 걸친 취미 활동을 하러 가자. 매번 동굴 안으로 들어가진 않아도 주차장에서 찍은 사진을 모으는 게 특이하지만 그래도 재미있잖아. 눈이 온 겨울. 그 추운 날에 우연히 찍은 사진 한 장이 이렇게 오랜 시간 동안 우리만의 전통이 되어 중요한 공간이 되었네. 20년 동안 간판의 색은 변해도 같은 상호의 상점과 입구. 그 앞에서 자라는 너의 사진을 찍어 모으기 위해 주차장에 차를 몰고 들어가는 비용 3,000원은 전혀 아깝지 않지. 너랑 너 동생 사진을 이렇게 모아 왔으니 나중에 결혼하고 자식 낳으면 한번 해보면 좋겠다. 두고두고 본다는 것이 어떤 말인지 알 수 있다.

중학생 때는 농구 대회를 나가 첫 경기에 아주 처참히 무너졌던 것이 생각난다. 너는 아무래도 친구들과 웃으며 대회를 나갔지만, 상대는 다른 학교의 농구부가 출전했었지. 아마 그 친구들은 농구나 체육고등학교가 진로일 수 있으니 전혀 상대가 되지 않았어. 게다가 처음 참여한 대회다 보니 같이 출전한 친구들도 모두 많이 긴장해서 드리블도 슛도 엉망이었다. 첫 번째 게임에서 끝나면 그대로 집에 가야 하는 것도 모르고, 물론 분명 너희들이 이길 줄 알고 맛있는 것들을 좀 사 왔는데 뭐 그리 충격이라고 아무것도 먹지 않았는지. 한편으론 그때 운동 쪽으로 진로를 삼을까 고민하던 게 완전히 꺾여버린 것 같아서 다행인 것 같기도 하고. 그래, 그동안 재능이 아니라 키가 유독 컸던 덕분에 농구를 쉽게 했던 게 맞던 것 같다. 큰 키가 더 크지 않아서 지금은 평범해지기도 했고.

생각해 보니 그러네. 운동에 관심을 줄이며 공부를 시작했고, 그게 꽤나 공부 좀 한다는 인문계 고등학교에 진학을 선택하게 만들어 대학을 가게 되었으니, 부모된 입장에서는 그다지 나쁘지 않은 결과였기도 한데. 덕분에 결국 대학도 갔잖아.

나는 정말 믿지 않았다. 대학교에 합격했다는 말을. 그래서 등록금 일부를 납부해야 한다는 말에 괜히 보이스 피싱인 줄 알았지. 주말에도 매일 학교에 나가서 공부했던 것을 알곤 있는데, 아무리 그래도 앞서 말한 것처럼 집에서는 공부하지 않았으니 실력이 어느 정도인지 전혀 가늠도 못 했잖아. 성적표도 한 번을 안 보여주고 그냥 시험을 보고 나면 괜찮다는 말밖에 하지 않고. 그래 지금 와서 굳이 더 말하지 않아도 괜찮겠지. 결과가 좋으니.

 이제는 졸업하고 원하는 것들을 자유롭게 하다 보면 시간을 같이 보내기 더 어렵겠지. 그래서 그런가? 오래전 기억들이 하나둘씩 떠오른다. 아니다. 매번 생각하고 있었을 수도 있겠다. 매주 데리고 갔던 과천 어린이 대공원을 기억하는지 모르겠네. 5시쯤 동물의 왕국 시간만 되면 어김없이 TV 앞에 앉아서 잔잔한 나레이션 소리와 함께 집중하고 있었지. 소파를 둘 수 없을 만큼 작은 거실이라 쿠션 하나만 놓았는데, 그 작은 거실에서도 똘망똘망하게 집중했었을 거야. 이어서 방영되는 만화 영화까지 보다 보면 퇴근

한 나를 반기는 모습에 하루의 피로를 모두 녹였지. 기름이 잔뜩 묻은 손으로 새 옷을 더럽히지 않으려 팔목으로 가까스로 들어 안아주고.

정말 매주 어린이 대공원을 갔었을 거야. 개장 시간에 맞춰 운전해서 가면 이젠 너무 커버려 탈 수 없는 유모차를 동생에게 내어주고 눈을 비비며 걸어갔던 그곳. 이내 안아달라고 했으나, 워낙 몸이 커야지. 그렇게 표를 끊고 들어가면 거침없이 얼룩말이 있는 곳으로 달려갔어. 유독 그 공간은 사람들이 얼마 있지도 않았고, 언덕을 조금 올라야 볼 수 있었는데 표지판도 없는 그곳을 찾아 가장 먼저 뛰어갔다. 낙타와 라마를 구분했고, 사자와 호랑이는 매번 볼 때마다 잠들어 있었지. 멀뚱멀뚱한 펭귄 옆에는 늘 같은 방향으로 헤엄치는 바다사자들.

동물원이 지겨워질 때면 낚시를 하러 가곤 했어.

여름에 친척들과 함께 휴가를 떠나면 배를 빌려 바다 낚시를 하곤 했는데 뱃멀미도 안하고 이상하게 잘 버티더라. 나는 죽을 것 같았는데. 얼레를 가지고 작은 볼락을 낚았지만 너무 작아서 풀어줬었어. 근데 수압 차이 때문인지 새끼 볼락은 숨은 쉬고 있지만 뒤집힌 채 수면 위에 떠 있다가 갈매기 밥이 되는 것을 소리치며 보라고 했었지. 얼마 있다가 낚싯대로 문어를 낚기도 했는데, 분명 바닥에 걸린 것 같아서 끊어서 빼보려 했었어. 분명 끊어지는 느낌이 들어서 다시 줄을 감아보니 묵직한 게 올라오더라. 그렇게 큰 문어가 낚일 거라곤 아무도 상상을 못 했지. 횟집에서 숙회로 삶아와 파라솔 아래서 먹기에 참 좋았다. 그때 모든 기운을 다 끌어다 썼는지 이후 출항 성적은 아주 엉망이었다. 둘이서 한 마리밖에 못 잡고 돌아오곤 했으니까.

민물 낚시를 갈 때는 낚시용품점에서 나도 처음이

라 어떤 떡밥을 사야 하는지, 지렁이를 사야 하는지 어색했는데, 그걸 애써 숨기려 했었다. 강물에 떡밥을 개서 바늘에 돌돌 말아 던져 넣긴 했는데 이게 맞는지는 전혀 몰랐어. 결국 그날 하루 종일 강가에 앉아만 있다가 왔는데 어린 네가 그 긴 시간을 어떻게 버텼는지 모르겠다. 좀 낚아야 재미도 있는 건데.

그맘때쯤 이런저런 학원에 다니기 시작했지 않았나 싶어. 혹시라도 재능이 있을까 봐 보내본 음악 학원. 그 시절 어린 학생이라면 무릇 다녀야 했던 태권도장. 태권도장은 잘 보낸 거 같아. 어릴 때부터 동네 애들이랑 산을 활발하게 뛰어다녔는데 에너지를 조금 정제하며 사용할 수 있도록 만들어주었지. 끝나고도 더 놀다 오기도 했고, 다녀오면 개운하게 자고 일어나기도 했고. 그 덕분에 지금도 운동을 좋아하잖아.

태권도장에서 격파 시범과 같은 것을 보여주려 부모님을 모시고 하던 행사가 종종 있었는데 기억나? 그때만큼은 집 데려와 같이 잘 놀던 친구들도 평소와 다르게 조금은 긴장한 모습이었다. 열심히 준비한 모습이 역력한 행사가 끝나고 갑자기 기왓장 격파는 왜 했는지 모르겠네. 관장님과 사범님이 먼저 깨는 것을 보여주더니 자신 있는 아버님들은 나오라고 했던 것 같아. 지금처럼 길거리에 있는 조립식이 아니라 진짜 기왓장이었어. 깨지면서 주변에 돌멩이 파편이 튀었지. 다들 3-4장 정도 깨는 것 같아서 비슷하게 쌓았고, 안 깨지면 손을 다치기도 하니까 꽤 세게 쳤는데, 바닥까지 짓이겨져서 손이 찢어졌지. 아린 손을 매만지며 뒤로 돌아가니까 그때 먼저 격파했던 아저씨들이 뒤에서 후시딘을 돌려가며 바르고 있었다. 다들 일단 깨긴 깼는데 다칠 수밖에 없는 환경이라 모두가 같은 곳이 찢어졌지. 누군지 모르지만 아마 제일 처음 깬 아저씨가 약국 가서 사 왔을걸. 다들 머쓱하게 이걸 왜 하냐고 했던 거 같은데. 생애 처음이자 마지막 기왓장 깨기였지.

유치원에서 몰래 버스를 타지 않고 걸어왔던 날을 생각하면 아주 아찔하다. 어렸을 적에 동네를 누비며 모든 길을 잘 외우고 있는 것은 알고 있었어. 유치원 옆에 큰 공원도 자주 다니면서 집에 가는 길이 많이 익숙할 거라는 생각은 했지. 근데 그걸 이용해 버스에 타지 않고 몰래 도망쳐서 집으로 올지는 정말 상상도 하지 못했다. 친구랑 둘이 그렇게 걸어왔는데 유치원에서는 둘이 없어졌다고 난리였지. 영웅담처럼 버스의 눈을 피해 숨어가며 집으로 돌아온 이야기를 해주는데, 이게 규칙을 어긴 것을 혼내야 할지 일단 동네에서 길은 잊어버리지 않고 잘 찾아오리라는 것에 안도해야 할지 몰랐어. 그래도 사라져서 문제를 일으킨 적은 없으니 다행이지. 매번 누구랑 노는지도 모르지만 때 되면 땀을 뻘뻘 흘리며 집에 귀가하는 잘

했어.

　이래서 초등학교를 멀리 가는 것에도 걱정을 조금 덜었나 싶네. 처음에는 초등학교를 아이 걸음으로 거의 30분 이상 걸리는 곳으로 다녔는데. 가는 길에는 큰길도 건너야 했고, 언덕도 많았어. 근처에 학교가 없어서, 친구들 중 가장 먼 곳에서 학교를 다녔지. 그땐 핸드폰도 없을 때라 애가 좀 늦으면 학교에서 뭐하고 있나 싶기도 했고. 한편으론 별 탈 없이 거의 매번 같은 시간에 집에 돌아와 있는 것도 신기했지. 아마 요즘 시대였으면, 아침마다 차로 데려다주고 다시 또 차에 태워 집으로 돌아오지 않을까 싶네.

　처음 태어났을 때 팔뚝보다 조금 더 컸던 네가 이렇게 커서 결국 고등학교를 졸업한다는 게, 그 시간을 되돌아보니 아득한 것 같기도 하고 세월이 너무 짧아서 볕 좋은 한낮에 잠깐 졸다가 일어난 듯하다.

처음 너를 안았을 때 말 그대로 지켜야 할 것이 늘어난다는 느낌을 받았어. 짧고 소중하지만 무엇보다 강렬했던 순간. 그때 했던 다짐을 너는 당연히 모르겠지만 나는 아주 선명하게 기억해. 너의 모습과 향기, 온도, 감싸고 있는 천의 촉감까지. 그때 떠지지도 않는 눈을 보며 이렇게 속으로 말했어. 호락호락하지 않은 이 세상에서 가장 든든한 버팀목이 되어주겠다고. 그 위에서 마음껏 뛰어놀아도 좋고, 밟고 올라가도 좋고, 결국에는 나란히 기대도 괜찮은 그런 아빠가 되어 주겠다고 다짐했지. 굳이 위대한 사람은 될 필요 없고, 하고 싶은 걸 하는 것이 더 좋으니 자유로운 삶을 살 수 있게 길을 닦고, 자유로운 삶을 살아가는 사람으로 만들겠다고 다짐했어. 이때 했던 다짐의 결과는 너의 평생에 걸쳐 이어지지 않을까.

고등학교를 졸업한 너에게 마지막으로 당부하고 싶은 이야기가 몇 가지가 있어. 가능한 많은 여행을 하며 살아봐. 나는 20대를 무엇보다 자유롭게 살았다. 가고 싶은 나라가 많았기에 돈이 생기면 비행기표를 끊어 놓았어. 그리고 떠나는 날짜까지 돈을 벌어 여행을 즐겼지. 그때 만난 인연이 길게 이어지진 않는다 하더라도 적을 두고 있는 것처럼, 날씨가 좋지 않다는 소식을 들으면 괜히 그때 만났던 사람들을 떠올릴 수 있다. 괜히 그 사람들을 그리워하며 다음 여행지를 고려하기도 하고. 물론 여행하다 보면 원하든 원하지 않든 사고가 발생하고 스트레스를 받게 되는데, 도와줄 사람 없는 곳에서 문제를 해결하는 경험은 굳은살이 되어 영원히 삶에서 두고두고 도움이 될 테니.

새로운 무언가에 도전하고 꾸준히 흥미를 가지면 좋겠다. 여행을 가지 않는다 하더라도 주변에는 다양한 운동들처럼 도전해 볼 만한 것들이 많고, 짧게 경험해 볼 수 있는 것들이 많다. 친구들과 시간을 보내는 것도 중요하지만 이처럼 다양한 것을 시작해 보는 습관을 들이자. 활동하는 중간에 경험을 얻고 새로운 생각을 할 수 있는 것도 있지만, 막상 눈앞에 두고서도 괜한 걱정과 두려움에 시도조차 못 하지 않았으면 좋겠다. 결국 무언가 첫발을 쉽게 내딛는 것이 익숙해지게 된다면 20대의 긴 여정의 끝에 다다랐을 때 분명 더 기대되는 30대를 맞이할 수 있게 될 테니까.

갓 고등학교를 졸업한 네가 이런 이야기가 귀에 들어올지는 모르겠다. 아마 오늘 가족들이랑 식사를 마치고도 신나게 게임을 하거나 이후에 친구들을 만나서 술을 마시겠지. 뭐 아무렴 어때. 지금이 아니면 안 될 테니.

너의 졸업을 축하한다.

불 꺼지지 않는 방

정현지

1인 출판사 '선과 여백'을 운영하며 숨 고를 여백이 있는 책을 만듭니다.
산문집 『마음을 안는 마음』과
여행 에세이 『퇴사 후, 치앙마이』, 『엄마, 은경』을 펴냈습니다.

사람보다 더 가까이 다가온 마음의 공간이 있었다. 그곳에서 나는 나 자신을 지탱할 힘을 얻었고 그 힘으로 한 권의 책을 세상에 내놓을 수 있었다.

세 번째 책을 집필하던 시기, 갈 곳 잃은 마음을 품어준 이가 있었다. 성수동에 자리한 1인 서재, 출판전야(出版前夜). 이곳은 단순히 글을 쓰는 장소가 아니었다. 정답 없는 질문이 삶을 덮쳤을 때, 무엇을 버팀목 삼아야 할지 몰라 막막했던 때, 불빛이 꺼지려 흔들릴 때, 그 빛이 꺼지지 않도록 곁을 지켜준 곳이다.

매일 마주하는 일상이 반드시 지나가야 하는 길고

어두운 터널을 걷는 것만 같았다. 스스로에 대한 의심과 두려움이 뒤섞인 날들이 이어졌고, 글이 한 줄도 써지지 않아 무력감에 잠식되기도 했다. 그런 날이면 집 앞 카페 대신 출판전야로 향했다. 서재로 향하는 골목은 성수동의 번화한 거리들과는 다르게 인적이 드물어 유난히 고요했다. 그 길을 따라 걷다 문 앞에 이르면, 허공에 붕 떠 있던 마음이 깃털이 내려앉듯 서서히 가라앉았다.

출판전야를 처음 찾은 날은 2024년 시월의 마지막 날이었다. 이미 알고 있던 공간이었지만 거리가 멀다는 이유로 발걸음을 옮기기까지 몇 달의 시간이 걸렸다. 서재의 문을 열자, 한지 블라인드를 통해 들어오는 빛과 따스한 조명이 공간을 은은하게 감싸고 있었다. 누군가의 품에 안긴 듯한 편안한 기분 덕분일까. 처음 방문한 곳임에도 오래도록 알고 지낸 친구를 마주한 것처럼 발을 딛고 서 있는 이곳이 낯설지 않았다.

　창작자를 위한 세심한 배려의 손길이 곳곳에 깃들어 있는 서재는 무척이나 근사했다. 공간의 중심을 잡아주는 넓고 두꺼운 원목 책상, 몸과 마음을 견고히 지지해 줄 의자, 정갈하게 정돈된 책장, 책상 위 조명과 퇴고를 위한 프린터기, '햇빛이 잘 비치는 창 아래 놓인 깨끗한 책상'이라는 의미를 지닌 '명창정궤' 문구가 적힌 한지 블라인드 사이로 새어 들어오는 빛.

　책상 옆 작은 선반에는 우리말 어감 사전, 연습장, 모래시계, 타이머와 볼펜이 정갈하게 놓여 있었다. 책상 하나, 의자 하나, 작은 문방사우 하나조차 의미 없이 놓인 것은 없었다. 모든 사물이 각자의 자리에서 자신의 쓰임을 조용히 기다리고 있었다.

서재를 만든 준우님은 공간을 소개하며 말씀하셨다. 이곳에 머무는 이들이 고독에 침잠해 몰입할 수 있도록 만든 공간이라고. 그 짧은 한마디에는 공간에 생명을 불어넣은 준우님의 애정 어린 마음이 진하게 배어 있었다.

책상은 두껍고 단단했다. 그 위에 몸을 맡기자 소란스러운 마음도 뒤따라 조용히 내려앉았다. 내 편을 만난 것 같은 책상 앞에 앉아 의자를 몸에 맞게 조정하고 가져온 노트북을 펼쳐 책상 앞에 놓인 큰 모니터와 연결했다. 작업을 시작하기 전, CD 수십 장이 빼곡히 꽂혀 있는 선반에서 오늘을 함께할 음악을 찬찬히 살폈다. 그러다 눈에 들어온 고레에다 히로카즈 감독의 영화 <괴물>의 사운드트랙. CD 케이스를 열어 CD에 지문이 묻지 않도록 조심스레 플레이어 위에 올린 뒤 재생 버튼을 눌렀다.

음악이 공간을 채우자 마음의 리듬도 서서히 느려졌다. 한 장의 앨범이 끝나면 잠시 기지개를 켜고 선반 옆 작은 창문을 열어 바람을 들였다. 바람이 실내 공기와 섞이며 환기되는 순간이 마치 삶의 호흡처럼 느껴졌다. 그날 반나절 동안 쓴 글은 많지 않았지만 마음의 중심이 단단히 잡히는 것을 감각했다.

그해 겨울 십이월, 준우님께서 '목요 작가'를 제안해 주셨다. 자기만의 방이 필요한 창작자를 위해 매주 목요일 서재를 내어주는 출판전야의 작가 지원 프로그램이었다. 길을 잃고 배회하고 있는데 어디선가 낯선 조력자가 나타나 다정을 베풀어 준 것만 같았다. 독립출판을 시작한 이후로 늘 집 주변 동네 프랜차이즈 카페를 전전하며 글을 쓰고 책을 만들었다. 최소 세 시간, 많게는 다섯 시간 넘게 머무는 날이 대부분이다 보니 눈치가 보일뿐더러, 크고 작은 소음 속에 오롯이 작업에만 몰두하기란 여간 어려운 일이 아니었다. 그렇다고 작업실을 얻기에는 경제적 부담이 컸기에 목요 작가 제안은 필요한 시기에 찾아온 너무나 귀한 선물이었다. 드디어 나에게도 마음의 작업실이 생긴 것이다.

그렇게 이듬해 일월부터 삼월까지 매주 목요일마다 출근하는 마음으로 출판전야로 발걸음을 옮겼다. 일주일에 한 번 서재에서 보내는 하루는 삶의 리듬을 바꾸어 놓았다. 창문으로 들어오는 빛이 조금씩 옮겨 가는 것을 바라보며 낮부터 밤까지 그날 해야 할 작업에만 온전히 몰두했다. 노트북 자판을 두드리는 소리, 작업 노트를 넘기는 소리, 사각거리는 연필 소리만 들리는 고요 속에서 글은 느리지만 조금씩 앞으로 나아갔고 원고는 점점 형태를 갖추어 갔다. 원고 작업이 제자리걸음을 하는 것만 같았는데 어느 순간 돌아보니 나선으로 걸으며 조금씩 나아가고 있었다. 출판전야라는 조력자를 만난 덕분이다.

서재는 시간의 흐름을 다르게 만들었다. 한지 블라인드를 통해 스며드는 은은한 빛에 기대어 글을 쓰고 책을 엮다 보면 어느새 저녁 어스름이 드리웠다. 매주 이곳에서 시간을 보내며 깨달았다. 창작자에게 자기만의 작업실이 있다는 것은 얼마나 중요한 일인지. 온전히 작업에만 몰입할 수 있는 환경에서 만들어낸 결과물과 그렇지 않은 곳에서의 결과물은 확연히 다를 수밖에 없다는 사실을.

이곳이 없었다면 세 번째 책은 세상 밖으로 나오지 못했을지도 모른다. 매일 웅크리고 있다가도 이곳에서만큼은 허리를 꼿꼿이 세우고 의자에 반듯하게 앉아 글을 써 내려갈 수 있었다. 출판전야는 웅덩이에 고이지 않도록 손을 내밀어 나를 다시 일으켜 세워준 곳이다.

세 번째 책 『마음을 안는 마음』이 세상에 나오

기까지 출판전야는 가장 가까이에서 빛을 밝혀준 등대 같은 존재였다. 글이 잘 써지지 않아 단 한 줄도 쓰지 못한 날에도 언제나 같은 자리에 머물러 주었다. 우산을 들 힘조차 남아있지 않아 내리는 비를 하염없이 맞고 있을 때, 옆에서 들고 있던 우산을 접고 같이 비를 맞아주는 것 같았다. 무수한 말과 질문 대신 그냥 한 번 꼭 안아주는 것처럼. 아무 말 없이 그저 묵묵히 바라봐 주는 것처럼. 그 고요한 응시와 다정한 침묵이 무력하게 침대에만 누워 있던 한 사람의 무거운 몸을 일으켜 세웠다. 이처럼 어떤 공간은 가족이 된다. 한 사람의 일상 깊숙이 스며들어 언제든 기댈 수 있는 자리로 남아준다. 가족이란 살아 있는 존재만을 뜻하지 않았다.

시간이 흘러 이 책을 집필하던 시기를 떠올릴 때면 서재에서 글을 쓰며 건너온 시간도 실타래처럼 따라오지 않을까. 나는 분명 그 공간에 기대어 한 시절을 건너왔으니 말이다.

마음을 다해 기르고 가꾼 공간을 필요한 이에게 선뜻 내어주는 마음. 준우 님이 슬며시 건넨 목요 작가 제안, 그 다정한 응원은 글을 써 내려가는 데 무엇보다 묵직한 원동력이 되었다. 누군가가 내 작업을 믿고 지지해 주는 일. 그 사실 하나만으로도 멈추지 않고 계속 나아갈 수 있었다. 조금 덜 힘들었고, 조금 덜 헤매었다. 서재는 내게 혼자가 되는 법을 가르쳐 주었고 혼자가 아니라는 사실 또한 다정히 알려주었다.

간절히 바란다. 나를 빛나게 한 것이 아닌 내 안의 빛이 꺼지지 않도록 지켜준 방을 당신도 마주할 수 있기를. 불이 꺼지지 않는 자기만의 방에서 각자의 빛을 환히 밝히며 살아가기를. 그리고 그 빛이 부디 꺼지지 않도록 서로의 방을 지켜주며 살아가기를.

다소 소란스러운

두루

마음을 기록하는 작가.
잘 살고 싶어 기록을 시작했고, 지금도 매일 살아내는 중입니다.
『어느 날 문득 잘 살고 싶어졌다』, 『우울의 바깥을 향하며』,
『불안과 밤 산책』 등 을 썼습니다.

1. 우당탕탕 사인회

 사촌 동생 결혼식 뒤풀이 자리에서 갑자기 작가 사인회가 시작됐다. 친척들에게 선물하려고 가져간 신간(*불안과 밤 산책)을 꺼내자 누군가 농담처럼 한 부탁에 금세 사인할 자리가 만들어졌다. 곧장 사촌 동생들이 안내해 준 테이블에 앉았다.

 한 손에 펜을 들고 장난처럼 물었다.
 "성함이 어떻게 되시죠?"

 사실 조금 들떴다. 애써 마음을 가라앉히며 사인

을 이어갔는데, 어느새 줄 선 사촌 동생들이 장난을 치기 시작했다.

"어디서 오셨어요?"
"저는 대구에서 왔어요, 그쪽은 어디에서 오셨죠?"
"줄 서세요, 제가 먼저 왔어요~."
"아, 죄송합니다."

신난 표정의 녀석들을 보니 나도 모르게 웃음이 났다. 티는 안 냈지만 심장이 쿵쿵 뛰었다. 묘한 기분이었다. 즐거운지 당황스러운지, 아니면 알 수 없는 어떤 감정인지 그땐 가늠하기 어려웠다. 그 묘한 기분은 쉽게 가라앉지 않았다.

생각해 보면 처음 그들한테 첫 책을 알렸을 때도 분위기는 비슷했던 것 같다. 온 친척이 모인 자리에서 첫 책을 선물하자 그들은 시끌벅적하게 나를 맞아주었다.

"네가 책에 관심 있는 줄은 몰랐네."

그 말을 시작으로, 그들과 글 쓰는 얘길 참 많이 나눴다. 각자 자기 목소리로 저마다의 응원을 건넸다.

사실 퇴사한 지 얼마 안 된 나에게 그들의 뜨거운 환대는 솔직히 좀 당황스러웠다. 이 정도 반응을 바라고 가져간 책은 아니었으니 말이다. 그저 삶의 방향을 틀어 앞으로 나아가고 있노라고, 나는 이렇게 살고 있다고 그들에게 알려주고 싶었을 뿐이다. 그게 다였다. 그런데 그들은 그런 나를 진심으로 응원해 줬다. 그렇게 넘치는 성원이 당시에는 솔직히 좀 버겁기도 했지만 말이다.

예전과 다를 바 없이, 사인회에서도 그들의 소란은 여전했다.

갑자기 돈을 줘야 한다며 난리였다. 이미 사인을 하느라 정신없는 와중이라 돈을 손에 막 쥐여주는데 거절할 여유도 없었다. 괜찮다며, 마음이니 그냥 받아달라고 재차 말했지만 그들은 막무가내였다. 꼭 줘야 한다며 고집을 피웠다. 그들의 마음을 모르는 건 아니니까 알겠다며 받았다. 성격 급한 사촌 동생 중 한 명은 주머니에 돈을 막 꼬깃꼬깃 집어넣기도 했다. 내가 대충 줘서는 안 받을 성격이라는 걸 잘 아는 그들이기에 그럴 만도 했다.

'그래, 이래야 우리 가족이지.'

한번은 이런 적이 있었다.
여느 때와 다를 것 없는 명절날, 큰 이모 댁에 모

여 저녁을 먹게 됐다. 각자 안부를 묻고 서로 이야기를 나누는데, 목청 남다른 친척 어른들은 일상 대화인데도 소리가 컸다. 아니, 그보다 외쳤다는 표현이 더 어울릴지도 모르겠다. 사람이 워낙 많다 보니 한마디 하면 열 마디가 되는 식이었다.

한참 웃으며 대화를 나누고 있는데, 갑자기 경찰이 왔다. "이 시간에 너무 시끄럽다고 민원이 들어왔네요." 경찰의 말에 친척들은 언제 그랬냐는 듯 조용해졌고, 나는 너무 부끄러웠다. 얼굴이 화끈거렸다. 숨고 싶은 마음이 들었다.

그 정도로 우리는 모이면 굉장히 소란스러웠다.

나는 그 사이에서 도통 어찌해야 할지 몰랐다. 나한테도 자주 물어오던 그들의 질문에 나는 제대로 답할 수가 없었다. 어쩌다 답하려고 하면 중간에 늘 말이 끊기곤 했다. 말이 끝나기도 전에 주제가 바뀌어

버려 내 이야기를 끝내지를 못했으니까. 그들의 '소란'은 그때의 나에게는 그리 반갑지가 않았다. 솔직히 자리를 피하고 싶었고, 그 시간이 어서 끝나기만을 바라기도 했다. 적어도 어릴 때는 말이다.

*

사인회가 끝나고 다시 돌아와 자리에 앉으니 이모가 방긋 웃으며 물었다.

"진호는 행복하지?"

망설이지 않고 답했다.

"네, 힘들긴 하지만요."

진심이었다. 한때는 그토록 원하던 회사에 취직했

지만 우울했고 불안했다. 도대체 무엇 때문인지 이유도 모른 채 방황하다가 맞이한 지금의 삶은 내게 엄청 대단한 해답을 준 것은 아니다. 삶은 여전히 힘들다. 때론 괴롭고 또 때론 즐겁기도 하다. 적당한 스트레스를 받으며 적당한 벌이를 하며 산다. 마음 닿는 사람 몇을 알고 있으며, 그렇지 않은 사람들은 떠나갔다. 엄청 건강하다고는 못 하지만 그래도 불편함 없이 지낸다. 몇 번의 실패와 또 몇 번의 성공을 겪는다. 그걸 나는 '행복'이라고 부르고 싶었다. 보잘것없어 보이는 평범한 것들을 누리며 살 수 있다는 것에 큰 감사함을 느낀다. 삶을 살아가야만 마주할 수 있는 것들을 마땅히 겪고 살아간다는 것이 얼마나 큰 기쁨인지.

이모의 질문으로 더 확실해졌다. 회사를 그만두고 하고 싶은 일을 해도 괜찮다는 걸. 그들이 소란한 응원으로 전한 따뜻한 사랑은 나의 선택에 더 강한 믿음을 주었다. 과거 힘들고 불안했던 건 어쩌면 그들의 소란스러운 사랑 속에 내가 온전히 자리하지 못했던 까닭이었던 건 아닐까. 홀로 이겨내야 한다는 강박에 귀를 막고 그들의 외침을 듣지 못했던 것 같다.

부끄럽던 그 소란이 이제는 내게 감사한 사랑을 느끼게 해준다. 그들이 그렇게 외치던 것은 자신의 사랑이 혹시 잘 전달되지 않을까봐 그랬던 건 아니었던가. 넘치는 그들의 마음을 그 짧은 만남 속에서 전하고 싶은 그들의 진심 아니었을까. 이제야 조금은 알겠다.

그 사랑을. 그 외침을.

2. 기태

 기태는 사촌 누나 아들이다. 당숙이나 아저씨 등의 호칭으로 부른다는데, 그런 건 머리 아파서 그냥 '삼촌'이라고 하기로 했다. 그게 서로 편할 것 같았다.

 처음 그와 만났을 때, 그러니까 녀석이 내 팔뚝만 한 아기였을 당시, 나 역시 어렸으니까 녀석을 어떻게 대해야 하나 늘 어려웠다. '조심스러웠다'라는 표현이 더 맞겠다. 소심했던 내가 어린 조카를 맞이하는 것은 아직 입력되지 않은 명령어를 수행하는 로봇 같았다. 고장 난 기계처럼 제 역할을 못 했다.

 그나마 조금 자랐을 적에는 해줄 수 있는 게 함께 놀아주는 것뿐이었다. 뛰어놀다 보면 자주 만나지 못해 어색했던 녀석과의 사이도 금방 좋아졌다. 녀석과 나는 땀으로 앞머리가 흠뻑 젖을 만큼 뛰어놀았다.

어떤 때는 사촌 누나 부탁으로 녀석과 함께 고무동력기(모형 비행기)를 만들었던 적이 있다. 초등학생이던 기태 방학 숙제였는데, 누나는 자신이 없다며 만드는 걸 좀 도와달라고 했다. 기쁜 마음으로 그러겠다고 했다.

타지에 나와 일을 하게 되면서는 자주 볼 일이 없었다. 명절 때나 가끔 봤는데 그때마다 쑥쑥 크는 기태가 어색하게 느껴졌다. 왜인지 마음의 거리가 벌어졌다. 바쁘다는 핑계로 녀석에게 크게 신경을 쓰지 못했다.

그러다 기태가 대학을 경기도로 입학하면서, 조금은 함께 보낼 시간이 생겼다. 돈도 벌겠다, 조카 챙기겠다며 맛있는 것도 사주고 술도 한 잔씩 걸쳤다. 함께 이야기 나누면 그때에만 할 수 있는 그의 고민을 듣는 게 즐거웠다. 막 어른이 된 스물의 고민, 곧 다가올 입대에 대한 걱정, 또 앞으로 살아갈 날들에 대한 막연한 불안들까지. 이제는 30대의 시간을 살아가는 내게는 꽤 신선한 고민들이었다. 나름 삼촌이라고 조언을 해주는 것도 잊지 않았다. 멋진 삼촌이니까.

그러던 어느 날, 사촌 누나를 만났는데 문득 내게 고맙다고 하는 것이다. 기태를 잘 챙겨줘서 그렇다고. 나는 망설임 없이 답했다.

"다 누나가 나한테 한 대로 하는 거야."
"내가 뭘 해줬다고…."

누나는 멋쩍어했다. 정말 모르는 눈치였다. 일일이 말해주고 싶었지만, 이 마음이 너무 거대해 시끄러운 소란 속에서 전하기에는 내 목소리가 턱없이 작았다. 대신 나는 씨익 웃으며 거듭 강조했다. 누나가 그때 내게 베풀어준 그 마음을 나는 다시 기태에게 주는 것뿐이라고, 누나 덕분에 나는 그런 마음을 가질 수 있었다고 말이다.

정말 그랬다. 한때 누나는 우리가 사는 구미에 취직을 해서 잠깐이지만 함께 지낸 적이 있다. 그때 맞벌이했던 부모님을 대신해 우리를 많이 챙겨주었다. 내 유년 시절, 엄마의 빈자리가 느껴지지 않도록 20대 초반의 어린 사촌 누나는 늘 그 자리에 있었다. 덕분에 어린 시절 외롭지 않게 자랄 수 있었다. 따로 지내게 된 이후에도 누나는 어린 나를 여러모로 많이 도와주었다. 아직도 그게 참 고맙다.

그러니까 그 모든 것이 누나의 사랑이었음을 안다. 나는 단지 그 사랑을 배운 대로 베풀고 있을 뿐이다. 그 깊은 고마움을 이렇게라도 전하고 싶은 것이다.

*

"기태야, 너에게도 말한 적 있지만 내가 베푸는 사랑은 모두 네 엄마한테서 온 거야. 세상을 잘 모를 때, 아직 서툴 때, 그 사랑이 사랑인 줄 몰랐을 때도 네 엄마는 나한테 한결같은 마음을 줬어. 그 사랑 덕에 살아가는 거야. 온 마음을 너도 느꼈으면 좋겠다. 엄마의 사랑만큼 너도 사랑 가득한 마음으로 살아가면 좋겠어. 네가 궁금해하는 어른의 삶은 그렇게 대단한 게 아닌 것 같아. 그저 마음 다해 살아가는 것, 내가 받았던 그 모든 사랑으로 결국 살아가는 것 아닐까? 너한테는 어떤 사랑이 있는지 궁금하다. 그 사랑이 또 훗날 누군가에게 흘러갈지 궁금해. 그러니 나 또한 더 열심히 살아야겠어. 네 미래에 나도 있고 싶다. 부끄럽지 않은 삼촌으로 네 삶의 한 장면에 있고 싶다."

3. 곁에는 언제나

지금에 와 생각해 보면 숱한 방황의 순간에도 곁에는 언제나 가족의 사랑이 있었다. 내 안에 존재하지 않을 것만 같던 그 마음을 늘 그들로부터 받았다. 어떻게 살아야 할지에 골몰하느라, 살아가는 것이 곧 사랑하는 일이었음을 모르고 생의 시간을 허투루 보냈다. 때로는 눈치채지 못한 채 흘려보냈던 그 모든 순간이 실은 사랑이었음을 이제야 또렷이 안다. 시끄러운 소란 속 사인회에서 깨달았던 뜨거운 진심, 그리고 누나에게 받은 사랑을 기태에게 나누며 느꼈던 마음, 또 과거와 달라진 내 삶의 방향에 변함없는 응원을 보내주는 가족들의 온 마음까지. 상황과 시기가 달라져도 그들의 사랑은 한결같음을 여실히 느낀다. 이제는 그런 순간을 놓치고 싶지 않다. 내게도 피어나는 마음속 사랑을 온전히 느끼고, 그 사랑을 곁의 사람들과 나누며 살아가고 싶다.

아버지의 시간

조가비

8년 동안 운영한 식당을 폐업하고, 아르바이트를 하며 글을 쓰고 있다.
에세이보다는 단편소설을 쓰기 위해 노력하고 있으며,
죽을 때까지 글을 쓰는 사람이 되고 싶다.
『푸른 파장』 픽션 에세이를 썼다.

어떤 시절, 어떤 시간을 통과해 지금의 내가 만들어졌다. 그 옆에는 맨 처음 부모란 사람들이 있다. 나를 먹이고 재우고 키워준 사람들. 나를 세상에 내보낸 존재들. 대부분 스무 살까지는 부모와 함께 산다. 어디까지나 '대부분'이다.

중학교 때 부모가 이혼을 하고 그때부터 어머니와는 떨어져 살았다. 아버지는 1년간은 부재했고, 그 이후에도 한 달에 몇 번씩 집에 들어오는 게 전부였다. 나와 남동생은 친할아버지 댁에, 그러다 둘이서 투룸, 하숙집을 전전하며 살았다.

가족이라는 울타리가 부서진 후 나의 십 대는 표류의 시간이었다. 그 끝날 것 같지 않던 시절을 지나 마흔한 살이 되었다. 누군가는 나이가 들고 결혼을 하고 아이를 낳으면 그제야 부모의 마음을 이해한다고 한다고 말한다. 그런데 이해한다는 건 무엇일까.

김애란의 단편소설 '홈 파티'에서는 "한 사람이 다른 사람의 자리에 서보는 건 얼마나 어려운 일인가?"란 말이 나온다. 나는 이해라는 거창한 말보다 그가 살았던 시간을 회상하며 그의 옆에 가만히 서보고 싶었다. 지금의 내가 그때의 아버지를 찾아가 손을 잡아주고 어깨를 토닥여주고 다 지나갈 것이라는, 꼭 당신의 잘못이 아니라는 말을 건넬 수 있다면 좋겠다는 마음으로.

1959년생. 전라남도 완도, 막 중학생이 된 남자는 학교에서 우연히 클라리넷을 배우게 된다. 그는 자신이 청음 능력이 뛰어난 걸 그때 알았다. 피아노와 기타를 독학으로 깨우쳤다. 고등학생 때는 밴드부에 들어가 트럼펫을 불었다. 미술 시간 데생을 따라가는 속도가 남다르다며 미술 선생이 남자만 따로 불러 그림을 가르쳤다. 학교 대표로 그림 대

회에 나가 대상을 탔으며 그때부터 그는 그림에 흥미를 느끼기 시작한다. 고등학교 졸업 후 완도 근처 한 섬에 들어가 1년 동안 그림만 그린다.

작은방을 하나 구해 외딴섬에서 하루 종일 그림만 그렸을 스무 살의 아버지를 떠올려본다. 작은 섬에 스스로를 가두고 오직 자신과 그림밖에 없는 삶을 살았던 사람. 아직 세상의 어떤 풍파도 오지 않았고, 올지도 모르고, 예술에 대한 순수한 열정만 가득한 그때. 하루 종일 그림을 그리고 해 질 녘 창문 너머로 보이는 바다의 수평선을 바라보며 느꼈을 어떤 희열감만 가득 찼던 그 시절의 아버지를 가만히 상상해 본다.

남자가 섬에서 그린 그림 중 하나가 국제 대회에서 상을 탔고 경복궁에 전시가 된다. 이 일로 완도 구청은 구 중학교 건물에 남자의 이름을 건 화실을 열어주었고 거기서

초중고 학생들을 가르쳤다. 고등학교 선배가 홍익대학교 미대에 입학한 이후 이화여자대학교 앞에 화실을 열었다. 그 선배는 남자에게 화실에서 같이 학생들을 가르치며 대학 진학을 해보자고 설득한다. 남자는 완도에서 올라와 신촌 앞 화실에 거주하며 학생들을 가르치며 그림을 그렸다. 중앙대 건축과에 응시했지만 구조 세우는 법은 따로 공부하지 않아 시험에 떨어진다. 남자는 대학에 또 응시하기보다는 화실에서 학생들을 가르치며 그림 그리는 삶에 만족한다. 그러다 군대를 가고 말년 휴가를 나와 만난 여자와 사귀게 되었고 군대를 제대했을 때 아이가 생겼다는 걸 알게 되었다.

작년, 아버지와 술을 마시며 처음으로 아버지의 젊은 시절 이야기를 들었다. 내가 태어나기 전, 어머니를 만나기 전. 오직 한 남자로 자신의 인생에서 원하는 것을 위해 달려가던 그때의 그 시절. 젊은 시절 그림 그렸던 이야기를 하며 눈시울이 약간은 붉어진 그의 눈빛이 잊혀지지 않는다. 아버지는 그 시절을 후회한 적이 있을까. 어머니를 만나지 않았다면, 나를 낳지 않았다면. 그림을 계속 그렸다면.

남자는 막 태어난 딸을 두 팔 가득 벌려 자신의 품에 안아본다. 딸의 이름을 조가비라고 순우리말로 짓는다. 산부인과 의사는 독일에서 공부를 했던 사람으로 가비라는 이름을 보고 남자에게 독일에도 가비라는 이름이 있다며 어떻게 이런 이름을 짓게 되었는지 묻는다. 남자는 딸이 너무 귀해 좋은 이름을 지어주고 싶은데 또 흔한 이름을 지어야 오래 산다고 하니 바닷가에 지천으로 널려있는 조개껍데기의 이름, 조가비를 떠올렸다고 설명한다.

그림만 그렸던 남자는 와이프와 딸을 데리고 완도 부모님 집으로 내려가 살아갈 방도를 고민한다. 렉카차를 시작으로 공사장 일, 건축사무소 막내 일부터 할 수 있는 일을 모두 하기 시작한다. 평생 그림을 그리며 살 줄 알았던 남자는 그렇게 한 가정의 가장이 되었다.

어린 시절 항상 집에 걸려있던 검은색 바탕에 의미 모를 그림이 그려진, 벽 한쪽을 다 덮을 만큼 컸던 그림을 기억한다. 그 그림이 아버지가 국제 대회에서 상을 탔던 그림인 건 성인이 되고 한참 뒤에 안 사실이다. 어머니가 1살인 나를 안고 있는 그림도, 2~3살의 나를 그려준 그림도 모두 우리가 살던 작은 집에 함께 있었다. 기억은 냄새와 함께 동반되기도 하는데, 어린 시절을 떠올리면 유화물감 냄새로 가득하다. 거실 한쪽에는 항상 캔버스가 놓여있었고, 굳어버린 물감과 팔레트와 붓이 정리되어 있었다. 아버지는 쉬는 날이면 전축에 LP판을 올려놓고 재생시킨 뒤, 캔버스 앞에 앉아 그림을 그렸다. 나는 그 모습이 신기해 그를 뒤에서도 바라보고 옆에서도 바라보았다. 처음 듣는 생소한 음악이 흐르고, 진한 물감의 냄새, 붓이 캔버스를 스치는 거친 소리, 엄마가 주방에서 요리하는 소리와 밥 짓는 냄새, 남동생은 아직 어려 방 한구석에 가만히 누워 잠들어 있는 풍경을. 가난했지만 행복이라는 작은 털 뭉치가 이 집안을 가득 돌아다니던 그때, 나는 부모의 사랑을 받으며 나의 뿌리를 단단하게 키워나갔다. 아직 '가난'이라는 단어를 몰랐고, '불행' 혹은 '슬픔'이라는 단어가 내 옆으로 오지 못했던 때에 그들이 만들어가는 가정이라는 울타리 안에서 나는 성실히 자랐다.

    남자는 건축사무소에서 도면을 따로 배우지 않았지만, 어깨너머로 배우며 금세 도면 그리는 법을 습득한다. 몇 년 만에 자신의 건축사무소를 차린다. 남자는 그림 그렸던 실력을 이용해 건물 외관을 디자인할 때 독특한 디자인을 선보였으며 곧 입소문이나 사업이 번창하기 시작한다. 광주 곳곳에 남자가 디자인한 건물들이 올라갔다. 기반이 잡히자 원룸이었던 집에서 광주에 새로운 단지를 구성한 신도시의 새 아파트로 거처를 옮긴다. 그림은 취미로 남았지만, 새로운 집에서 행복해하는 가족들을 바라보며 남자는 이게 행복이지 않을까 생각한다. 그러나 행복은 길지 않았다.

삶이란 한순간에 불행이라는 세계로 떨어질 수 있다는 것을 아버지는 언제 알았을까. 나를 낳고 그림을 그만둔 순간이었을까. 1998년 IMF가 터지고 나서였을까. IMF는 수많은 가정을 풍비박산냈는데 우린 그 역사 속 한가운데 있었고 결국 그 불행을 피하지 못한 가정 중 한 곳이었다. 수많은 사람들이 실업자가 되었으며 개인사업을 해나가던 사람들 또한 순식간에 자금이 막히면서 빚더미에 앉았다. 아버지 또한 건축 현장에 들어간 자잿값 등을 받지 못했고 받아야 할 돈은 들어오지 않고, 갚아야 할 돈만 차근차근 늘어났다. 그 시절 거래처 사장들과 단란 주점을 다니는 게 그때는 어떤 관례였는데, 빚에 치여 어머니와 다툼이 잦아졌고, 힘든 마음을 잠시 달래러 찾아간 곳이 고작 단란 주점이었고 그곳에서 잠깐 만난 여자. 그 사실을 알아버린 어머니. 영화 속 클리셰처럼 진부하기까지 한 스토리. 아버지의 바람을 알아버린 둘째 삼촌은 아버지를 찾아와 주먹을 날렸고 어머니를 데려갔다. 이혼까지는 오래 걸리지 않았다.

연속으로 넘어지는 도미노.

아버지의 사업은 부도가 나고, 집은 압류로 모든 물건에 빨간 딱지가 붙었다. 어머니는 집에 신발을 신고 들어온 남자들을 무기력하게 바라보다 마지막 딸의 피아노에 딱지를 붙이는 남자를 향해 울부짖는다.

남자는 넘어지는 도미노를 물끄러미 바라본다.

아버지는 그때 어떤 감정이었을까. 무력감, 자괴감, 패배감, 수치심, 절망감을 느꼈을까.

집이 압류된 날 술을 잔뜩 마시고 돌아온 남자는 비틀거리며 부엌으로 향한다. 싱크대 하부장을 열어 주방 칼을 꺼낸다. 칼을 든 남자는 시퍼런 칼날을 바라본다. 끝낼까.

고요하지만 빨간색 낙인이 선명하게 찍힌 자신의 집을 바라본다. 이 모든 일을 망쳐버린 자신을 용서할 수 없는 남자는 칼을 치켜든다.

마흔 살의 아버지는 너무 젊었다, 그 모든 것을 감당하기에는.

서른 후반 남편과 함께 식당을 운영하다 무리해서 식당 하나를 더 오픈했다. 그 식당의 모든 일을 맡겼던 친구에게 사기를 당하고 큰 빚을 지게 되었다. 우리 부부는 사람에 대한 신뢰를 잃고 결국엔 서로를 탓하기 시작했다. 그리고 1년 뒤 코로나가 터졌다.

연속으로 넘어지는 도미노.

코로나의 여파로 손님은 1/3로 줄었으며 식당 운영은 더욱 어려워졌다. 우리 잘못이라고 생각했다.

아니, 서로의 잘못 같았다. 네가 사업을 확장하자고 했잖아, 네 친구였잖아, 네가 재정 관리를 제대로 못 했잖아. 사기꾼인지 왜 못 알아챈 거야. 코로나인데도 잘 되는 식당들이 있잖아, 배달을 빨리 시작했어야지, 수많은 탓들 속에 우리는 뿌리까지 썩어버린 나무같이 메말라 갔다. 죽음의 냄새가 우리의 주위를 배회했다. 그때 아버지가 떠올랐다.

남자가 치켜든 칼은 다행히 자신을 빗나가 주방 바닥에 꽂힌다. 그 모습을 방문 틈에서 아이들이 보고 있는지 그는 몰랐다.

나와 남동생은 그날을 똑똑히 기억한다. 생을 끝내려고 했던 아버지의 모습은 우리에게 진한 화상 자국처럼 남아 그를 미워하는 데 온 마음을 다했다. 그때는 몰랐다. 아버지 혼자 외로운 사막에 서서 그 모든 모래폭풍을 맞고 있었음을. 그전까지는 나는 아버지의 불행보다 나의 불행에 더욱 심취해 있었다. 과거를 회상하면 나의 과거로만 돌아갔다. 오직 나의 시선으로 그 극은 다시 재탄생되었으며, 아버지의 삶은 단 한 줄로만 요약되었다. 아버지의 잘못으로 우리 가족이 망가졌다. 변하지 않는 전제처럼.

성실히 살아도 삶은 망가질 수 있다. 모든 물웅덩이를 피해 갈 수 있을 거라고 생각하며 그 흙탕물을 밟은 사람들을 비웃다가 어느 순간 내가 진흙에 빠졌음을 깨달을 때도 있다. 열심히 살려고 잘해보려고 했던 일들이 순간 잘못될 수도 있다. 빚더미에 앉을 수 있다. 자신을 탓하다 그러면 죽을 것 같으니까 그 화살이 상대방을 향할 때도 있다. 술에 의지하고 가족보다 남에게 의지할 때도 있다. 죽음 직전까지 갈 수 있다. 그때는 이 사실들을 몰랐다.

아버지는 다행히 죽지 않았다.

남자는 이혼 후 아이들을 전라남도 무안 부모님 댁에 1년간 맡긴다.

빚에 쫓기는 아버지가 그 시간 동안 무엇을 했는지 나는 모른다.

41살의 남자는 두 아이와 함께 살기 위해 경기도 안산에 방을 구한다. 방 2개, 3평 정도의 거실 겸 부엌. 아이들을 위해 책상을 구매하고 작은방은 중학생인 딸 방으로 침대까지 구비해둔다. 큰 방은 아들과 자신의 방으로 한쪽에는 책상과 작은 텔레비전, 펴고 갤 수 있는 이부자리를 준비한다. 아이들의 전학 수속을 밟고 교복을 맞추고 필요한 학용품 등을 구매한다. 남자는 일 때문에 일주일에 한 번만 집에 들를 수 있기 때문에 딸에게 밥솥으로 밥하는 법을 가르치고, 도시락과 간단한 빨래를 부탁한다. 집에는 세탁기가 없어 근처에 사는 형수에게 일주일에 한 번 빨래를 부탁한다. 집에 온 날은 아이들을 데리고 외식을 한다. 집 앞 돼지

갈빗집에서 아이들의 먹는 모습을 지켜본다. 마트에 들러 일주일 치 장을 보고, 아이들이 과자 고르는 모습을 물끄러미 바라본다. 남자는 잠든 아이들을 남겨두고 일을 하기 위해 떠난다.

우린 어떤 시간을 함께 통과했다. 시간은 흐르고 어렵게 생존해야 했던 시기도 지났지만 각자 어떤 마음으로 그 시간을 통과했는지는 모른다. 누군가는 원망을 키웠고, 누군가는 감정을 묻은 채 기억의 일부분을 잊어버리기도 했다. 내가 성인이 되고 아버지와 나는 서로 보지 않은 채 10년이라는 세월을 흘려보냈다.

2017년 결혼식에 아버지를 모셨다. 양복을 맞춰드렸고 아버지의 손을 잡고 버진 로드를 걸었다. 아버지는 초대받지 못한 파티에 온 사람처럼 어색하게 딸의 결혼식을 바라보았고 아무것도 해주지 못해 미안하다는 말만 남겼다.

이제 일흔이라는 나이를 향해 늙어가고 있는 머리가 하얗게 새어버린 아버지를 마주 본다. 나는 아버지의 나이를 계단처럼 밟으며 그를 조금씩 이해하게 되었다. 사업이 힘들 때 그를 떠올렸고, 글을 쓰기 시작했을 때도 그를 떠올렸다. 생업으로 글을 못 쓸 때는 꼭 내 안의 한쪽이 죽은 기분이었는데, 그도 그림을 포기했을 때 이런 기분이었겠구나 짐작했다. 그 죽을 것 같은 마음을 지닌 채 어떻게 삶을 살아낸 것일까. 모든 것을 포기하고 싶었던 마음을 어떻게 억누르며 살아왔을까. 그는 또 홀로 얼마나 외로웠을까.

내가 독립출판물로 책을 냈을 때 아버지는 그 누구보다 진심으로 기뻐했다. 그는 나에게 살면서 글을 절대 놓지 말라고, 무슨 일이 있어도 놓지 말라는 말을 건넸다. 꼭 과거의 자신에게 당부하는 것처럼. 나는 그의 손을 꼭 잡으며 당신의 시간으로 내가 만들어졌음을, 그래서 지금의 내가 글을 쓰게 되었음을,

죄송하고 감사하다는 말은 전하지 못한 채 고개만 끄덕였다.

신부입장 같은 소리

김시은

드라마와 영화 극작을 7년간 전공했고, 직접 쓴 영화대본 『월매전』(2021)과
드라마대본집 『나의 미친 첫사랑』(2025)을 출간했습니다.
오랜 시간 배운 장르인 시나리오 작가보다, 글밥 먹고 싶어 이것저것 쓰다가
쓰게 된 『장녀해방일지』 작가로 유명해졌습니다.
어떤 식으로든 독자들이 읽고 싶고, 보고 싶어하는 글을 쓰고 싶습니다.

드라마 〈폭삭 속았수다〉 숏츠 중에 '딸이 결혼할 사람 데려오면 아빠들이 하는 행동'이라는 타이틀로 돌아다니는 게 있다. 귀하고 똑 부러지게 키운 딸 금명이 결혼할 남자를 데려오자, 아버지인 관식이가 뿔이 나서 여관방 가서 자라고 하자, 어머니인 애순이 말한다. 어떻게 여관방 가서 자라 그러냐고, 이제 그만 당신 짝사랑 보내주라고 한다. 이 숏츠에는 나오지 않지만 드라마 본편에는 금명의 결혼식 날, 관식이 신부와 함께 입장해서 사위가 될 충섭에게 금명의 손을 건네주며 말한다. 내가 너에게 내 천국을 준다고. 잘 살라고.

*

　20대 때, 원하지 않는 남자가 계속 대시를 할 경우 나는 이렇게 말하곤 했다.

　"오빠, 오빠도 집에선 귀한 아들일 텐데 왜 이렇게 매달려요? 저한테는 오빠 하나도 귀하지 않은 사람이고 솔직히 좀 귀찮은데, 그쪽 부모님은 알지도 못하는 여자가 귀하게 대하지도 않고 귀찮아하고 이러는 거 알면 속상하실 거니까, 그만 좀 하세요."

　이 말의 효과는 반반이다. 에둘러 말했지만 거절의 의미라는 걸 알아듣고 물러나거나 자신은 귀한 아들 아니라면서 본인을 후려쳐가며 만나보자고 들러붙기도 하거나. 나를 잘 알지도 못하면서 왜 기회도 주지 않느냐, 내 매력을 아직 모르지 않느냐며 나를 집요하게 구슬렸다. 말귀 참 못 알아듣네. 이런 게 싫다고! 이런 게! 이런 산뜻하지 못한 태도가!

그러고 싶진 않지만 이 상황이 계속되면 이번에는 내가 엄청 귀한 딸임을 강조한다. 우리 아빠가 해병대 출신이라는 것, 아빠의 남자 보는 눈이 높고 날카롭다는 것. 그러니까 내가 하고 싶은 말은, 내 눈에도 안 차지만, 너 정도가 우리 아빠 눈에 찰 사람이 절대 아니며 반대할 게 뻔히 보이는데, 그걸 무릅쓰고 내가 널 굳이 애써 만나야 하냐고 말이다.

신기하게도, 내가 그렇게 싫다, 매력이 없다, 어쩐다 저쩐다 이유를 댈 때는 온갖 감언이설로 나를 구슬리려고 하던 사람들이 '해병대 출신의 엄한 아빠가 널 마음에 안 들어 할 거다.'라는 핑계를 대면, 높은 확률로 군말 없이 수긍하고 물러났다.

실제로 내가 아빠의 귀한 딸이었느냐면, 솔직히 아니었다. 밥을 굶기거나 학교를 안 보내는 수준의 학대가 있었던 것은 아니지만, 말을 안 들을 때면 쥐패는 방식으로 훈육을 하곤 했다.

불행 중 다행이라고 해야 할지 만성적인 폭행을 저지르는 사람은 아니었다. 아빠는 나에게 뭐랄까, 약간 친하지만 종잡을 수 없는 친구 같았다. 본인이 기분 좋을 때는 좋은 사이지만, 자기 기분에 들지 않으면 그는 뒤도 돌아보지 않고 폭력을 휘둘렀다. 그런 아빠가 나를 때린 것은 평생 단 두 번이었는데, 모두 야구 때문이었다.

첫 번째로 맞은 날이 또렷하게 기억난다. 아빠가

야구장을 가자고 했는데 가고 싶지 않다고 실랑이가 이어지자, 아빠 말 안 들을 거면 그동안 먹여주고 키워준 대가를 치르라고 했다. 순간 머릿속에,

'아니, 내가 원해서 태어난 게 아닌데…? 아빠 의지로 낳고 키웠으면서 왜…?'

라는 생각이 잠시 머리를 스쳤지만 그게 통할 사람이 아니었다. 떠오르는 방법은 없었지만, 어떻게 대가를 치르면 되겠냐고 물었다. 아빠는 같잖다는 듯이 코웃음을 치며 어차피 돈으로는 못 갚을 테니, 키워준 햇수당 1대씩으로 계산해서, 11살이니 11대를 맞으라고 했다. 거기서 내가 고집을 꺾고 야구장을 가겠다고 하면 안 맞을 수 있었지만, 여기에 이유를 다 설명하기에는 좀 복잡하고 긴 맥락 때문에 나는 그날 야구장에 가고 싶지 않았다.

아빠는 그날 자신의 심기를 거스른 11살 딸을 엎드려뻗쳐를 시킨 후, 야구방망이로 엉덩이 11대를 때렸다. 3-4대쯤 맞고 고통에 못 이겨 엎어질 때면, 아빠는 엄근진하게 말했다. 꾀병 부리지 말라고, 아직 시작도 안 했다고, 빨리 자세를 잡으라고. 그렇게 2번쯤 끊어가며 야구빠따 11대를 맞으며, 아버지가 나를 키워준 대가를 치렀다. 그래도 이때까지만 해도 막 이성을 잃고 때린다는 느낌은 없었다. 뭐랄까. 아버지를 깔보면 이렇게 된다, 는 걸 보여주지, 하는 느낌이었다. 물론 나는 아버지를 깔보지 않았다. 어린이로서의 내 욕구를 표현했고, 존중받지 못했을 뿐.

두 번째 폭력은 일주일 정도 뒤에 일어났다. 할아버지 집이었는데 몇 시간 동안 야구 중계를 라이브로 다 보셨으면서도, 하이라이트로 나오는 스포츠 뉴스를 몇 번이고 또 보길래, 애니메이션을 좀 보게 해달라고 했다가 작은 방으로 끌려가서 문이 닫히자마자 뺨을 맞았다. 이때는 좀 이성을 잃은 것 같았다. 아마도 자신을 깔본다고 생각했을지도 모르겠다. 아빠는 약간 으르렁거리듯이 낮게, 어른들 중요한 거 보고 있는데 깝치지 말라고, 집에 갈 때까지 없는 사람처럼 조용히 있으라고 하며 방을 나갔다. 나는 공포에 질렸다기보다, 처음 맞아보는 뺨싸대기가 너무 아파서, 그 아픔에 뺨을 부여잡고 조용히 없는 사람처럼 흐느꼈다. 우는 소리가 새어 나가면, 아빠가 와서 또 때릴 것 같았다. 맞을 거라는 걸 예상 못해서였을까. 야구빠따 열한 대 맞은 것보다, 뺨 한 대 맞은 게 훨씬 아팠다.

아빠가 나를 때린 것은 단 두 번이었지만 나는 단 한 번도 그 두 번의 폭력을 잊을 수 없었다. 아마도 그 이후에 한 번도 안 맞은 건, 아빠의 노력도 있었을지도 모르겠으나 사실은 내가 알아서 기었다. 아주 납작 엎드려서 기었다. 기분 탓인가. 왜인지 모르게 폭력이 점점 더 심해지는 것 같아서.

*

대략 29살부터 아빠가 결혼 안 하냐고 닦달하기 시작했다. 내가 아직 부산에 살고 있을 때였는데, 그 당시의 부산은 여자 나이 30살 전에는 결혼을 해야 '하자 없는 사람' 취급을 받는 분위기가 꽤 강하게 있었다. 내가 그때 좀 어이가 없었던 게, 28살 때 반년 정도 만났던 전남자친구로부터 스토킹을 몇 개월간 당하고 있을 때, 내 고민을 들은 아빠가 그거 걔가 널 너무 사랑하고 그래서 그런 거라며, 한두 번 거절했을 때 썩 꺼지는 놈들보다 그런 남자의 마음이 진짜 진심이고 찐사랑이라고, 그런 남자도 흔치 않다며 잘 달래서 늦기 전에 결혼하라고 조언했었던 게 떠올랐기 때문이다. 지금처럼 이별 살인이나, 안전이별 같은 단어가 일상적이지 않았던 때인 걸 감안해도, 딸이 고통스러워하는 상황을 들으면서 그게 진정한 남자의 사랑이니 감수하라는 말을 하는 아빠가 납득이 되지는 않았다. 그리고 나는 한두 번 거절했을 때 썩 꺼지는 게 맞다고 생각하는데? 나도 좋아하는 남자한테 거절당하면 한두 번 내에 썩 꺼지는 편이었고. 이 와중에도 전남자친구의 '진심 어린 스토킹'은 계속되고 있었고, 아빠는 도움을 주지 않았고, 도움을 줄 사람은 없고, 경찰에 신고하고 싶지만 장난하냐고 안 받아줄 것 같고, 하지만 나는 너무 무서웠고. 그대로 계속 부산에 있다간 위험할 것 같아서, 얼마 안 가 나는 서울로 독립했다.

이후 본가에 내려갈 때마다 아빠는 언제 결혼할 거냐고, 괜찮은 남자 없으면 아빠가 알아봐 주겠다고 설레발을 쳤다. 왜 이렇게 결혼을 못 시켜서 안달이지 싶었다. 아빠에게 물었다. 도대체 왜 그렇게 결혼

시키고 싶은 거냐고.

"딸, 내가 평생을 고생해서 너 키웠는데, 딸 손 잡고 신부입장 시키는 거 하고 싶은 게 잘못된 거야? 친구들 보니까 딸들 손잡고 신부입장하는 거 보니까 좀 벅차드라. 나도 그런 거 느껴보고 싶은 게 이상해? 내가 이렇게 한사람 못 하는 인간을 키워낸 게 자랑스러운데, 나도 딸 손 잡고 신부입장해서 남들 앞에서, 어?"

*

우리나라 결혼식은 결혼하는 두 남녀를 축하하는 자리이기도 하지만 부모가 자기 자식을 프레젠테이션하는 자리이기도 하다는 것을 X에서 들은 적이 있다. 그러니까 어떤 부모님에게는 그날 결혼하는 자식이 그 자리의 주인공이 아니다. 이 자리에 서 있는 이 사람을 '내'가 키웠다, 이렇게 잘 큰 인간이 '내 피조물'이다 만천하에 드러내는 자리이기도 하다는 것, 그러니까 그 피조물의 주인인 자신이 결혼식의 주인공인 것이다. 게다가 자식을 이만큼 이렇게 멋지게 키운 걸 많은 사람들에게 전시하면서 금전적으로도 돈을 끌어와야 하는 굉장히 행사이기도 하고.

문제는 아무리 생각해도, 아빠가 그만큼 성심성의껏 나를 키웠냐는 확신이 들지 않는다는 것이다. 물론 한 가정의 가장으로서 고생을 안 하신 건 아니지만, 그 고생을 하는 동안 나를 귀하게 여기면서 키웠다는 생각은 솔직히 전혀 들지 않았다. 야구빠따로 10대 넘게 맞은 것뿐만이 아니다. 전남자친구의 스토킹을 방관해서만도 아니다. 사실 이 두 가지 일들은, 아빠의 성격을 임팩트 있게, 좀 두드러지게 보여주는 사건들 중의 하나일 뿐, 아빠가 나의 크고 작은 고통을 방관한 적은 솔직히 비일비재했다. 그런 아빠 밑에서 크면서 삐뚤어지고 싶고, 가출해서 일탈하고 싶을 때가 한두 번이 아니었으나, 한번 잘못 삐뚤어졌다가 나락으로 빠질까 봐, 참았다. 나 스스로 잘 큰 어른이 되고 싶어서, 그래서 언젠가 괜찮은 사회인이 되고 싶다는 생각으로 정신줄을 놓지 않았다. 가끔씩 일탈의 유혹이 너무나 강해서, 정말이지 정신을 바짝 차려야 했다. 당신이 나를 키우느라 고생했다는 당신의 말도 맞는 말이겠으나, 그럼에도 불구하고 이렇게 문제없이 잘 큰 건, 당신의 고생과 그늘보다는 사회의 적절한 구성원으로 성장하고 싶었던 나의 안간힘이 더 컸다. 게다가 당신은, 내가 어릴 때나 성인이 되었을 때나 내 몸의 안전에 딱히 관심이 있던 적조차 없었다. 물론 마음에도 관심이 없었겠지만.

무엇보다 나를 야구빠따로 때렸던 그 손모가지로, 내 손을 잡고 다른 남자에게 넘겨주는 장면은, 아무리 긍정적으로 생각해 보려고 해도 결국은 기괴하다는 생각밖에 들지 않는다. 전남자친구의 스토킹을 적극적으로 옹호하고 방관한 전적까지 고려하면, 그 장면은 마치 다른 남자에게 날 때릴 권한을 넘겨주는 의식 같은 기분마저 든다. 아, 소름 끼쳐. 딸 결혼식장에서 가슴 벅찬 아버지가 되고 싶다면 성심성의껏 키우는 과정이 있으셨어야죠. 내가 듣기에 아빠가 내 결혼식에서 신부 입장하고 싶다는 말은, 그냥 신부 아버지 돼서 관심받는 기분 내고 싶다는 말 같은데.

그런 아빠가, 내가 결혼을 해서 내 손을 잡고 결혼식에 신부입장을 해주는 아버지가 되고 싶다니. 결혼식이 무슨 아버지 코스프레하게 해주는 전시장인 줄 아나.

LOVE + Y (why)
왜 사랑인가

안소현

배우이자 이미지를 기반으로 한 시각예술가.
사진과 색채를 통해 실제와 허구 사이의 정서를 포착하는
다수의 전시와 단편 영화를 만들었고
2023년 텍스트·이미지·퍼포먼스를 아우른 책
『사랑만이 정답일 뿐: 센스의 탄생』을 출간했습니다.

엄마의 마지막 말속엔 러비가 담장을 가뿐히 뛰어올라 꼬리를 살랑이며 사라졌다고 했다. 그 뒷모습을 보고, 녀석이 건강해지긴 했다며 속으로 생각했다고. 한낮에 본묘만의 즐거운 외출 후에도 항상 집에 돌아와 잠을 자는 러비였으니까. 엄마도 출장을 나가 있던 나도, 유치한 말로 꿈에도 생각하지 못했던 것이다. 영원한 가출을 하리라고는.

첫 만남

2018년, 그즈음 예술가가 되겠다는 포부를 빙자한 최고의 한량이었던 나는 그날도 어김없이 늦잠을 자고 있었다. 단잠을 깨우는 친구의 카톡 메시지 속에는 사진 한 장과 '키울래?'라는 짧은 세글자가 보였다. 사진을 누르니 파란 눈동자의 새하얀 눈 같은 새끼 고양이가 무슨 장난을 쳤는지 사람 손에 덜컥 잡혀 '저 아무것도 모르는 새끼 고양이인데요?'라는 표정으로 정면을 보고 있었다. 그 모습은 나에게 '난 너랑 똑같아.'라는 직관에 사로잡힐만한 에너지를 쏘고 있었다. 별다른 고민할 필요 없이 '응. 키울래.'라는 네 글자 답변으로 그날, 나는 처음으로 집사가 되었다.

집으로 데려온 후, 새끼 고양이는 이렇다 할 에피소드 없이 자기 집처럼 적응을 잘하고 잘 놀았다. 고양이임에도 불구하고 말이다! 한동안 고양이를 돌보며 가장 특별하다고 느낀 것은 정말 기가 막히게 예뻤다는 점이다. 보고만 있어도 마음이 사르르 녹고 내 눈과 마음에 온통 이 고양이밖에 없어 그 당시 남자 친구가 질투를 하던 모습이 아직도 기억이 난다. 세상에 나온 지 한 달 된 고양이임에도 똥도 오줌도 잘 가리는 이 예쁜 고양이에게 며칠 동안은 이름이 없었다. 완벽한 이름을 지어주고 싶은 집사의 마음에 아무 이름이나 붙여 부르고 싶지 않았다. 친구들은 여러 가지 이름을 추천했다. 하얀 고양이니 '밀크', 암컷이니 '리즈'등을 추천해 주었지만, 뭔가 이 고양이가 태생적으로 가진 매력을 충족하기엔 2% 부족한 이름으로 여겨졌다. 그렇게 며칠 동안 봐온 이 고양이는 사랑이었다. 존재만으로 사랑이었고, 가지고 있는 에너지 중 사랑의 농도가 순도 100%에 가까운 천사였다. '사랑', '러브' 그래 'LOVE'. 이 해보다 몇 년 전, 마음이 많이 다쳐 미국으로 떠날 때 내가 스스로 사랑받는 존재가 되자고 지었던 '이브'에서 온 EVA의 동생 격이니, 사랑을 주고받고말고. 넌 자체로 사랑이어라! 러브에 Y를 붙여 LOVEY가 되었다. 나의 동물 친구 러비는 그렇게 나의 삶 한편에 사랑을 가득

안고 힘차게 들어왔다.

묘+인+연

러비와 나는 무척이나 잘 지냈다. 러비는 무럭무럭 자라 중성화도 끝내고, 2살, 3살이 될수록 서로 의지하는 시간이 많아졌다. 가끔은 말이 너무 많은 러비가 갑자기 두 발로 걸으며 '그래서 오늘 어땠는데?'라고 물어볼 것 같았을 만큼, 아침에 일어나면 혹시 커피를 내려놓은 게 아닌지 의심이 들었을 만큼, 러비가 되려 나를 돌보는 집사처럼 느껴질 때가 많았다. 또 특히 기억나는 건 내가 외박을 하고 들어오는 날이면 꼭 이불로 뛰어가 오줌을 갈기는 고양이였다는 것! 러비는 참지 않지. 필요한 게 있으면 냐옹냐옹 이야기했고, 내가 집에서 너무 안 나가면 짜증을 냈다. 그러다 너무 안 들어오면 엄마처럼 화를 냈다. 그러고는 미안한지 설거지하는 나의 발밑에 누워 '네 옆에 있을게~'라는 눈빛으로 배를 들이밀며 사과를 했다. 이놈이 사람인지 동물인지! 교감과 사랑으로 가득한 날들을, 평온하고 예쁜 날들을 지나고 있었다. 안소현의 인생이 이렇게 순탄할 리 없다고 느끼는 날이 오는 줄도 모르고.

딱, 러비의 사춘기가 도래하기 전까지였다. 고양이에게 사춘기가 있다는 것을 그 시기 이후에 고양이라는 동물에 대해 공부하며 알게 되었지만, 돌아보면 러비가 4살이 되던 해, 그때가 사춘기의 피크였던 것이다. 러비가 나를 할퀴는 날들이, 이유 없이 달려들어 물고 뜯는 날들이 잦아졌다. 배우로 활동하는 나에게 팔에 새겨진 스크래치들을 최대한 감춰야 하는 일들이 부쩍 늘고 있었다. 그 당시에도 알고 싶었다. '도대체 진짜로 원하는 게 뭐야.' 원하는 것을 알면 정말이지 무엇이든 해주고 싶었다. 하지만 그 아인 동물이기도 하고 사람으로 치면 의사 표현을 명확히 할 수 없는 나이의 울음 짓는 영아 같은 상황이었으리라. 당최 알 수 없는 그 아이의 마음을 위로해 보지도 못한 채 서로 지쳐가는 시간이 흐르고 있었다. 서로 그랬는지는 그저 내 생각일 뿐이지만.

그러던 어느 날, 축적된 피로감에 타이 마사지를 받고 들어오던 저녁, 달라진 나의 냄새 때문인지 달려드는 러비를 막을 수가 없었다. 할퀴고 물고 뜯는 격앙되고 흥분한 상태의 고양이를 혼자서 막아내지 못하고, 방으로 달려 들어갔다. 밤새 우는 러비가 무서워서 화장실도 가지 못하고 떠는 나에게 이건 순전히 나의 탓이라는 생각이 마구마구 올라오며 그 밤을 뜬눈으로 지새웠다. 너무 나 같아서. 그 절절하고 소리내지 않는 마음이 울고 있었다. 내가 가지고 있는 감정의 공격성을 배운 것이 아닐까. 혹은 내가 딱 나 같은 녀석을 골랐으니 고양이들 중에서도 야생성이 강한 아이를 데려온 것이 아닐까. 그 무엇이든 나의 선택이고, 나의 고양이였다. 나의 인생이었다.

이후의 러비와의 많은 일들을 중략하고, 결과적으로 러비는 나를 떠나 엄마아빠와 같이 살게 되었다. 처음에는 부모님의 집 안에서 지냈지만 공격성이 줄지 않아 주말 농장에 데려다 놓아보았더니 나무도 타고, 벌레도 잡고, 새도 잡으며 그녀가 가진 야생성을 그대로 소진하며, 무척 행복한 모습으로 지냈다. 아빠가 보내준 그즈음 사진에는 크고 높은 나무 끝까지 올라가 하늘을 보고 있는 자유로운 러비의 모습이 아직도 생생히 남아있다.

러비와 헤어져서 지낼 때엔 약간의 트라우마가 생겨서 고양이가 무서웠고, 러비가 달려들까 봐 한 1년 동안은 피해 다녔던 것 같다. 정말 애 같고 못났지만 사실이니까 어쩔 수가 없다. 그러다 조금씩 사이를 회복을 해가는 중, 올해 들어 월세살이 청년인 나는 집을 옮겨 다른 계약을 해야 할 때, 4개월가량이 떠버려서 부모님 댁에 들어가 살게 되었다. 그런데 내가 그렇게 10여 년 만에 부모님과 같이 살게 된 상황에서, 어쩌면 그 상황이 러비를 살리기 위한 운명 아니었을까라는 생각이 들 정도로, 이 모든게 드라마라면 절정이라 할 수 있을 만한 사건을 겪게 되었다. 부모님 댁에서 살기 시작한 지 한 달도 채 되지 않았을 무렵, 러비에게 급성 신부전이 와 급히 애를 데리고 병원과 병원을 오가며 부모님은 할 수 없었을 만한 역할을 내가 하게 된 것이다. 처음으로 동물의 살기 위한 의지보단 죽음을 받아들이는 자연스러운 능력을 보게 된 나는, 마치 중간 대사를 끊고 들어오듯 '아니, 나는 인간이니까 널 살려야겠어.'라는 너무나 인간다운 생각으로 그 녀석을 살렸다. 급성 신부전에 대한 설명도 듣고, 공부도 해가면서, 러비를 다시 돌보아가면서, 하루에 2번씩 피하수액도 직접 맞추면서 하루하루를 노력하였다. 그래서였는지 아직 어린 나이인 7살의 러비는 폭풍 회복의 힘을 보여줬다. 사람도 그렇듯이 본묘도 한번 아파봐서 심정이 변하였는지 점점 개냥이가 되어 다시 한번 그 어릴 적, 새끼 고양이를 만난 것 같았다. 이 일을 계기로 나는 '내가 러비 없이 어떻게 살았던 거지?'라는 생각이 들며 이 아이를 너무 사랑한다는 것을, 절대로 죽게 놔둘 수는 없다는 사실을 마음에 스미듯이 알게 되었다. 그렇게 너무 많은 것을 꽉꽉 채워 알게 한 러비가 내가 울산으로 출장을 다녀온 3일 동안 어디론가 사라져 버렸다는 게 나로 하여금 상실이라는 현실과 그에 따른 감정을 처음으로 느끼게 한 것은 아닌지. 지금도 의아하고, 먹먹하다.

이별 선물

러비는 아이러니하게도 나에게 선물을 주고 떠났다. 길고 긴 이야기를 축약하자면 아픈 러비를 엄마 아빠께 맡길 수 없다는 판단과 함께 러비와 다시 같이 살기 위해 이미 계약해 놓은 서울의 한 집을 파기하고, 애완동물 동거가 가능한 작은 오피스텔로 다시 계약을 했다. 다시 계약을 하게 되면서 이사가 2주 정도 늦어지게 됐는데, 이사하기 일주일 전, 러비가 사라진 것이다. 이 모든 얘기를 들은 몇몇 지인들은 '역시 고양이는 영험한 동물이야.' '오피스텔 너무 좁은 거 알고 도망갔네!'라며 각자의 의견을 쏟아냈지만, 모두가 공통적으로는 '러비가 너에게 선물을 주고 떠났구나. 너의 앞길이 창창하길 응원하는 선물을.'이라며 이야기했다. 이 또한 아이러니했다. 위로라면 위로겠지만 모두들 운명을 받아들이는 직관적 언어를 사용한다고 느꼈다. 러비가 영원히 떠난 것임을,

그 떠남이 보은이 될 것이라는 똑같은 마음으로 줄곧 내가 더 훨훨 날아가길 바라는 것이라는 걸, 새삼스레 느끼는 이상한 언어였지만 고마웠다. 그래도 위로가 됐다면 된 것이겠지. 형용할 수 없는 복잡한 마음을 뒤로 한 채, 그렇다. 결국 나는 혼자서 이 집에 들어오게 되었다. 고양이와 동거가 가능한, 집을 뺄 때 '애완동물 사육 청소비 20만 원 부과'로 퉁 칠 수 있는 귀한 집. 이곳에 혼자 살기 시작한 지도 벌써 석 달이 넘었다. 또한 사람들이 '고양이의 선물'이라 말할 만큼 이사한 지역은 쾌적하고, 편리한 교통환경 등이 나를 더욱 숨 쉬게 하며, 가까운 한강이 주는 영감의 산책길이 나를 더 움직이게 한다는 것도, 이 집에 들어와서 새로운 일도 많이 하게 되고, 좋은 사람들도 많이 만나게 된다는 것도 분명하게 느끼는 석 달 동안의 변화이다.

그런데, 너무 반복해서 말해 이미 알고 있겠지만

러비는 없다. 그 아이는 갔다. 우여곡절 끝에 알게 된 사랑의 모양과 크기가, 분명 더 나은 반려인이 될 수 있을 거란 일말의 희망이 그다지 쓸모없게 된 지도 많은 시간이 지났다. 사실 슬프다 우울하다 그런 감정은 크게 들진 않는다. 그저, 기도하게 되는 마음뿐. 그 어딘가에서 미소년 새 집사를 만나 잘살고 있길. 우스갯소리이자 진심인 이 마음으로, 매일 밤 잠들기 전에 기도할 뿐이다. 그래서 그런지 꿈에 종종 나오는 러비가 고맙다. 꿈속에서 지저분한 모습이든 아픈 얼굴이든 깨끗하고 웃는 낯이든, 잘 왔다며 고생했다며 내 마음에 미소가 떠오르는 걸, 꿈을 꾸는 와중에도 그 아이를 보고 그 감정을 느낄 수 있다는 걸 감사할 뿐이다.

러비야 고마워. 앞으로도 자주 와.

이별 혹은 상실, 아마도 영원한

나는 사실 무지개다리를 건넌 반려동물이 먼저 가서 사람을 기다리고 있다는 말은 산타 할아버지의 존재를 믿는 동심과 동일하다고 생각해 왔다. 너무 쌉T일까. 그렇지만 나와 함께한 십여 년의 시간이 있다고 하여 그들이 나의 소유물은 아니니까, 다른 곳에서 사람으로 태어나든, 곤충으로 태어나든 혹은 천국이라는 게 존재해서 걱정 없는 시간을 보내든 나를 기다리진 않았으면 좋겠다고. 꼭, 원하는 삶을 사는 그 어떤 것으로 태어나거나 혹은 태어나지 않길. 만약 꼭 태어나야만 한다면 돈도 있고, 화목한 가정에 어떠한 물성으로든 안착하여 여생이 편안하기를. 특히, 나 같은 사람은 더더욱 만나지 말길 바라는 마음이었다. 이러한 생각을 해왔다 한들, 너무 빠른 이별이었다. 러비가 한순간에 사라진 것이 몇 주는 믿을 수 없었고, 몇 달이 지난 지금은 둥글지도 뾰족하지도 않은 무언가가 가슴에 박혔다는 사실을 깨달았다. 너무 위험한 발언이지만 자식을 먼저 보낸다는 게 어떤 마음인지 십분의 일 정도 알게 된 것 같다고. 아마 죽는 날까지 나에겐 그런 고양이가 있었노라고, 왜 사랑인지 알게 한 고양이가. 그렇게 말하게 될 그런 무언가.

러비에게

러비야, 내 마음이 들리니? 오늘도 이 글을 쓰며 너를 생각해. 친구들과 웃고 떠들 때도 걱정거리를 이야기할 때도 너를 이야기하는 날이 너가 내 곁에 있을 때보다 많아졌어. 내가 바보야. 이러한 먹먹한 상실을 느끼는 시간이 올 줄은 꿈에도 상상하지 못했어. 너를 떠났던 3년 동안 네가 물은 먹고 있는지, 잠은 잘 자고 있는지 바쁘다는 이유로 돌보지 못한 나를 용서하지는 말아. 나는 내가 죽는 날에 너를 가슴에 품었다는 사실을 꼭 기억하며 가고 싶어. 앞으로 살아가는 동안 문득문득 너를 생각하며, 가끔 웃고, 가끔 울며 너를 상실한 벌을 달게 받고 싶어. 잘 있니? 그 어디든 마음이 편안하니? 그럼 그걸로 됐다. 꼭 평화롭고 좋은 곳에서 밥도 많이 먹고, 사랑도 많이 받으면서 행복하게 지내. 너는 나 같아서 어디서든 살아남았을 거야. 믿는다. 사랑한다. 사랑 그 자체 나의 동물 친구 러비.

내가 너를 너무 사랑하는 '엄마'였음을 이제서야 알아버린 철없는 사람 친구 소현이가.

드라이기를 켠다

박지용

느리지만 나아가는 사람.
시집 『천장에 야광별을 하나씩 붙였다』, 『그냥 언제까지 기쁘자 우리』 등
을 엮었다.

드라이기를 켠다. 머리에 남은 물기를 털기 시작하면 들려오는 매미 소리. 어지럽게 뒤섞이는 장면들을 걷어내면 오늘도 어렵지 않게 그곳에 도착한다. 초록과 파랑의 풍경, 자유롭게 자란 나무들과 걱정 없이 맑은 하늘. 그 어떤 불편도 없는 그곳에 무거운 발을 내디디면 이곳에 없던 미소를 본다.

별것 아닌 일에도 웃음을 멈추지 못하던 우리는, 지금 이렇게 만나도 여전하다. 말이 끝나지 않는 사이, 몸은 멀어져도 마음의 거리는 언제나 같은.

지난 며칠은 너무 바빴어. 월요일이 되었다는 걸 택배가 도착한다는 문자를 보고 알았다니까. 바쁘다는 말을 쉽게 이해하지 못하는 표정을 느끼면서 그간 있던 일들을 설명한다.

날이 갈수록 새벽에 깨는 일이 잦다. 소화가 잘 안 되어서 그런가. 건강하다는 것들만 챙겨 먹는데도 속이 더부룩하다. 요즘엔 가려움증도 제법 심해져서 피부과 약을 먹어도 내내 몸을 긁는다. 자고 일어나면 이불 곳곳이 붉고, 입에 하얗게 나는 구멍들은 위치를 바꾸어 가며 스스로의 존재를 알려온다. 살아 있다고. 이게 바로 살아 있다는 증거라고. 병원에서는 스트레스를 줄이는 게 중요하다고 했다. 달리 방법이 없다는 말도.

따뜻한 물로 샤워를 한다. 밖에는 비가 세차게 내린다. 세상을 없애버릴 것처럼.

•

물을 끄고 비가 그치면 드라이기를 켠다. 지난여

름의 통화를 떠올린다. 응원의 말들이 모여 축하의 순간이 되었던 그때. 그때의 맑았던 밤공기를 기억한다. 진심 어린 축하를 할 수 있는 게 얼마나 감사한 일인지 그 순간만큼은 진심으로 기뻤었다. 조만간을 기약하며 끊었던 전화가 아직 제대로 끊어지지 않아, 계절이 지나도 여전히 통화중이다.

비가 그친 뒤 더없이 맑은 하늘은 미운 마음이 들게 한다. 제멋대로 다 쏟아내 놓고 무슨 일이 있었냐는 듯. 물에 잠겨 휩쓸리는 건 언제나 땅의 몫이다.

어김없이 배가 고파지는 것만큼 귀찮은 일도 없다. 엑스라지 티셔츠로도 쉽게 가려지지 않는 나잇살 때문에 맛없는 것들만 가려 먹게 된 지금은 더욱. 삶이 축복이라면 왜 맛있는 건 몸에 좋지 않을까. 고통을 감내해야만 건강해지고 몸을 늘어트리면 죽음과 가까워진다면 어느 쪽이 축복인 것일까. 경계가 허물어질수록 판단이 흐려진다.

밖에만 나가도 땀에 젖어 하루에도 몇 번씩 샤워를 해야 했던 지겨운 여름이 지나간다. 가게를 홍보하려고 욕심내서 만든 부채가 아직도 반이나 남아 있지만, 그래도 빌어먹을 긴 여름이 지나가는 건 그나마 기쁜 일이다. 여름은 사람을 너무 조급하게 만든다. 더위에 쪼그라든 심장이 우리를 멀어지게 했던 것처럼.

다음 계절에 조금씩 떠밀리는 새벽, 창문을 열 만한 어스름 속에 드라이기를 켠다. 아직은 귀를 때리는 매미 소리가 마음을 놓게 한다. 이 계절의 유일한 위안.

이맘때를 기억해? 죽는다는 게 뭘까. 평생을 따라다닌 끔찍했던 기억도 별것 아니게 느껴질 만큼, 죽는다는 건 이상한 일이지. 그 사람은 대체 왜 그랬을까. 결국 죽을 거면서. 마지막 말은 입 밖으로 꺼내지 않았다. 죽은 자에 대한 마지막 예의라고 생각해서. 가장 푸른 시절을 지나는 나무 아래 떨어지는 잎들을 보면서 우린 어른이 된 것만 같은, 아니 되어버린 것 같은 제법 끔찍한 기분을 느꼈다. 이상한 일의 연속이었지만 그래도 실은 너무 힘들었던 여름이 이제 조금은 지나가는 것 같아 좋았다. 가을에는 더 자주 만날 수 있을 거라 생각했으니까.

눈을 감았다 떴을 때, 전화를 받았다. 전화가 울려서 깬 것일지도. 겨울의 지하방은 너무 추웠다. 문을 어떻게 열어야 하는지 모를 만큼. 몸이 차가워지면 눈물이 잘 나오지 않는다. 가장 화가 날 때도, 가장 절망적일 때도. 마음이 얼어붙으면 눈물은 속에서 고여 뾰족한 고드름을 만든다. 울수록 심장을, 폐를 찔러 모든 걸 망가트린다. 겉으로는 멀쩡한 척을 하지만.

이제 아프기 직전의 뜨거운 물로 씻어야 씻는 기분이 된다. 온몸이 붉어질 때까지 뜨거워져야 웃을 수 있다. 수도꼭지를 더 돌리기까지 많은 게 달라졌다. 어떻게 해도 이전으로는 돌아갈 수 없다는 걸 알아서 여태 짊어오던 것들을 내던졌다. 지금은 날아갈 자신이 없어서 조금이라도 가벼워지기 위한 몸부림.

변명이 늘었지 미안해. 근데 사는 게 힘들다. 마음대로 되는 건 더럽게 없고, 해결된 일이라곤 악몽을 꿔도 더는 무섭지 않다는 것뿐이야. 물론 소리는 질러. 그건 의지의 문제가 아니니까. 누구한테 넋두리를 하는지 모르겠다. 그래도 살아야겠지. 이게 뭐라고. 고통의 크기는 상대적이지 않아, 절대적이지. 그래서 더 미안해.

두꺼비집이 내려갔나 보다. 어디선가 탄내가 난다. 드라이기를 바꿀 때다.

그만두고 싶은 마음들이 냉장고 속 잊힌 음식을 뒤덮어버린 곰팡이처럼 피어난다. 그 틈 사이로 운동도 하고 샐러드를 먹고 손톱을 기르면 그걸로 충분히 스스로를 칭찬해도 되지 않을까. 근데 세상은 그걸로 빚을 갚아주진 않아 어김없이 알람이 울린다. 이자 납부일이니 잔고를 확인하라고.

어릴 때는 왜 제정신이 아닐까. 스스로를 삼킨 괴물처럼 힘을 써대야 자신을 찾을 수 있다는 사실은 삶이 저주라는 명확한 증거다. 힘이 더 세다고 어깨를 짓눌렀던 시간이 자고 일어나면 어깨에 담으로 남는다. 끝내 사과하지 못한 벌이다.

좋은 인간이 되고 싶었는데 되지 못했다. 아직 제 몸뚱어리 하나 제대로 간수하지 못하는 하잘것없는 인간이 되었다. 어쩌다 한번 쓰는 신경으로 생색이나 내는, 바쁘다는 말로 바쁜 거지 같은 인간. 구걸도 부지런히 못해서 눈치나 보고 있는.

그러니 어느 순간 꿈에 찾아오지 않았겠지. 분명 실망했을 테니까. 그래서 머리가 다 말랐는데도 드라이기를 끌 수가 없다. 두피가 다 일어나서 낮에는 머리를 벅벅 긁는다.

물론 아직 살아있으니 후회를 더 만들고 싶지 않아. 그 마음만은 이해해 주면 좋겠다. 이 와중에 이해를 바라는 게 미울 수도 있겠지만, 쉴 새 없이 몰아친 파도에 아직도 입안이 온통 짜다면 조금의 변명이 될까.

한기는 남았지만 여름은 이유 없이 치밀어 오르는 화처럼 불쑥 찾아온다. 가방 속에 넣어두었는지도 모르고 필통 도둑을 찾다 책상을 뒤엎고 문을 부쉈던 그때처럼. 변하지 않는 이기심들과 매일 무너지는 마음이 공존한다면 그곳에선 이 현상을 뭐라고 부를까. 이상 기후 같다고 대충 얼버무릴까, 이곳처럼.

　바람 세기를 강하게 하면 더 커지는 매미 소리. 염치없이 소망에 대해 말해도 될까. 가늠도 하지 못할 끔찍한 고통을 이겨낼 수는 없을까. 절망 위에 희망의 돌을 얹을 수는 없을까. 말도 안 된다는 걸 알지만 그냥 잠깐 다 없는 일처럼 될 수는 없을까. 안대를 쓰면 낮도 밤이 되는 것처럼. 손만 까딱하면 얻을 수 있는 행복을 고집이랍시고 티비 속에 던져버리는 인간도 있는데 왜 누군 죽어라 노력해도 얻을 수 없는 게 행복일까. 미래의 어디쯤엔 아주 작은 행복의 조각이라도 놓아주면 안 될까. 아무리 생각해도 여기에선 그 답이 없어. 하나를 소망할 수 있다면 행복의 실마리를 던져 줬으면 해. 너무 아픈 게 아니라면.

　내년엔 생신을 꼭 챙기고 올게. 여기에 적지 않으

면 또 그냥 지나가 버릴까 봐. 유일한 위안이 사라지면 안 되니까. 그래서 이전에 없던 부지런을 떨어보고 싶어. 당당히 손을 건넬 수 있게 더는 손톱을 물어뜯는 일은 없을 거야. 아주 작은 조각이라도 찾아볼 수 있게 건강해 보려고. 생일 케이크를 살 수 있는 날까지는 바라지 않아. 그냥 꽃 피면 꽃구경도 가고 선선한 날에 산책도 하고 맛있는 걸 같이 먹으러 가면 그만이야. 실없는 농담하면서 한 번씩 웃을 수 있으면 돼. 좀 더 자주 그러다 보면 언젠가 틈도 없는 곳에서 피어나는 민들레처럼 뿌리를 내릴 수도 있지 않을까? 원래 목표는 높게 잡아야 하는 법이니까. 약속은 지킬 거야. 언젠가 드라이기 없이 만날 날에 그래도 조금 덜 혼나게.

플라스틱에 편지를 적고 드라이기를 켠다. 작게 쪼그라들다 구겨져 뭐라고 썼는지 알아볼 수 없지만 썼다는 흔적이면 되니까. 봉투에 한 문장을 적어 우체통에 넣는다.

 품을 수 있는 가장 깊고 큰 마음을 담아 행복을 바라.

처가

강백수

문학과 음악의 요정. 시인과 싱어송라이터로 활동하며 원고지와 오선지를 넘나드는 창작활동을 이어나가고 있다. 2008년 <시와 세계>로 등단했으며 일곱 권의 책을 썼다.

어떤 대상을 지칭하는 단어가 A라는 언어권에서는 존재하지만 B라는 언어권에서는 존재하지 않는다고 가정해 보자. 그렇다면 그 대상은 B언어권보다는 A언어권에서 더욱 중요한 것일 가능성이 매우 높다는 것이 나의 견해이다. 예를 들면 '코모레비こもれび'라는 일본어 단어가 있다. 우리말로 옮기면 '나뭇잎 사이로 비치는 햇빛' 정도가 되겠다. 이와 완벽하게 대응하는 단어는 한국어에도 영어에도 존재하지 않는다. 다른 언어 사용자들에게는 별 의미 없이 보일 수 있는 장면이 일본어 사용자에게는 코모레비라는 이름을 가진 풍경으로 보이게 되곤 하는 것이다. 스페인어의 '소브레메사sobremesa'라는 단어는 식사를 마친 후 잠시 동안 식탁에 머물며 이야기를 나

누는 시간을 의미한다. 밥상머리에서 떠들면 야단을 맞고 밥 먹고 나면 바로바로 치우곤 하는 우리 옛 문화를 생각하면 탄생조차 하기 어려운 단어이다. 식후가지는 잠깐의 시간은 스페인인들에게는 분명 의미 있는 시간이겠지만 우리 선조들에게는 그렇지 않았던 것이다.

'처가'라는 단어를 검색해 보았다. 아내의 본가 혹은 아내의 부모가 사는 집이나 집안을 의미하는 이 단어에 대응하는 영단어가 없다. 영어 사용자들에게 처가는 wife's home이거나 family in laws 라는데, 한 단어로 설명되는 것과 여러 단어의 조합으로 설명해야 하는 것이 가지는 의미 차이는 앞서 언급한 사례들과 마찬가지로 분명히 존재한다. 처가에 가는 마음과 '아내의 집' 혹은 '법적으로 가족'을 방문하는 마음이 같을 리 없다고 생각한다. 장인어른, 장모님이 가지는 의미 역시 '법적으로 아버지(father in law),

아내의 어머니(wife's mother)'가 가지는 의미와는 분명히 다를 것이다.

처가에는 장인어른이 계시고 장모님이 계신다. 처형도 있고, 지금은 가정을 꾸려 떠난 처남과 처남댁도 있다. 언제 이렇게 가까워졌나 싶은 이분들과 가족이 된 것이 불과 3년 정도 밖에 되지 않은 일이라는 게 믿어지지 않는다. 처음 얼굴을 마주한 날이 까마득한 옛날 같은데 아직 이 정도 밖에 되지 않았단 말인가. 불과 천 일가량의 세월 동안 우리는 놀라울 만큼 가까운 사이가 되었다.

1. 첫 만남

많은 사람들이 콧수염과 턱수염을 나의 트레이드마크로 기억해 주시곤 한다. 수염을 애지중지 길러

온 지 벌써 십수 년이 되었다. 대부분의 지인들이 수염 없는 내 모습을 쉽사리 상상하지 못할 정도가 되었다. 나는 정말이지 어지간해서는 수염을 밀지 않았다. 육군 훈련소 입소할 때 말고는 면도를 해 본 기억이 거의 나지 않는데, 그날은 비장하게 면도기를 들고 아침 일찍부터 온 얼굴의 수염을 깨끗이 밀었다. 애인의 부모님께 결혼 허락을 받으러 가는 날이었다. 매끈해진 턱과 인중을 보며 애인이 많이 놀랐다.

애인 집 근처의 한 중식당 룸에서 초조하게 두 분을 기다렸다. 일 분 일 초가 일 년과 한 달처럼 느껴졌다. 그토록 초조했던 이유는 나 자신에게 별로 자신이 없었기 때문이다. 어딜 가나 근거 없는 자신감 하나로 허장성세를 부리곤 했던 나인데 유독 결혼이라는 것을 앞두고는 작아지기만 했다. 가수나 시인 같은 직업은 흔히 어른들이 말씀하시는 변변한 직업에 포함되지 않는다. 철없이 하고 싶은 일만 좇느라 미래에 대한 준비 같은 걸 할 생각도 못 했다. 가진 거라곤 이미 애인에게 입금해 준 작고 귀여운 현금 얼마와 자취방 보증금 오백만 원, 십삼만 킬로미터쯤 달린 국산 중고차와 거기 실린 기타 두 대, 그리고 고양이 한 마리가 전부였다. 거기다 코로나 팬데믹으로 인해 수입원마저 줄줄이 끊겨 나가던 상황이었다. 애인은 어떤 사람이었나. 모난 데 없이 밝은 성격에 어려서부터 크게 부모님 속 썩이지 않고 열심히 자기 길을 걸어온, 한 집안의 기쁨이며 자랑임에 틀림없는 사람. 그런 소중한 둘째 딸과 평생 같이 살겠다고 당당하게 말하기에는 나 자신이 한없이 모자라 보일 뿐이었다. 다리를 달달달 떨고 손톱 옆의 굳은살을 뜯으며 하염없이 시계만 보고 있는데 아내가 말했다. "오셨다." 창문 밖 주차장에 검은색 승용차가 한 대 서고 단정한 옷을 차려 입은 중년의 부부가 내렸다. 그분들이 건물 입구를 통해 들어와 엘리베이터를 타고 올라오시는 동안 심장이 입 밖으로 튀어나올

듯 세차게 뛰었다.

    가게 문이 열리는 소리에 벌떡 일어나 두 분을 맞이할 준비를 했다. 최대한 사람 좋은 웃음을 지어보려고 노력은 했는데 너무 긴장을 해서 내 얼굴이 어땠는지 도무지 상상이 되지 않는다. 방문이 열고 들어오신 두 분은 먼저 애인을 보고 환하게 웃으셨다. 애인의 아버님은 애인을 한 번 안아주시고는 내게 악수를 청하셨다. 나는 두 손으로 아버님의 손을 감싸며 살면서 굽혀 본 적 없었던 각도로 허리를 숙였다. 곧바로 어머님께서 내 손을 두 손으로 감싸주셨다. 두 분 다 여전히 활짝 웃는 얼굴이셨다. 한동안 정적이 흘렀지만 선뜻 먼저 대화를 이끌 엄두가 나지 않았다. 잡채밥을 시켰는데 도저히 넘어가질 않아서 입에 넣고 씹기만 했다. 잡채밥은 식사를 마치고도 절반 이상이 남아 있었는데, 애인은 내가 밥 남기는 것을 그날 처음 봤다.

가족관계나 부모님 고향 같은 간단한 정보를 나누고 드문드문 찾아오는 정적을 견뎌가며 시간을 보내다가 장인어른께서 대뜸 이런 말씀을 하셨다. "내가 자네를 만나러 오면서 뭔가 대화할 거리를 고민을 해봤는데, 간단한 토론 같은 걸 해 보면 어떨까 싶네." 좋다고 말씀드렸더니 장인어른께서 던지신 이야깃거리는 이런 거였다. "자네는 꼰대가 뭐라고 생각하나?" 가끔 공연이나 라디오 출연 같은 걸 할 때 그런 순간이 있다. 무언가 내 몸에 빙의라도 한 듯 뜻밖의 말이 술술 튀어나오곤 하는 순간. 그날 그랬던 것은 하늘의 도우심이 있었다고 말하지 않고는 설명이 되지 않는 일이었다. 나는 곧바로 "저는 자기가 꼰대일 수도 있다고 생각하지 않는 모든 사람들이 꼰대라고 생각합니다. 아버님께서 이런 질문을 던지셨다는 것은 꼰대가 될 수도 있다는 것에 대해 걱정하고 계시는 것이고, 그렇게 되지 않기 위해 노력하고 계시다는 것이기 때문에 저는 꼰대라는 말이 아버님께는 해당되지 않는 말이라고 생각합니다." 라고 말씀드렸고, 두 분은 흡족한 표정을 지으셨다.

나는 어떤 흐름 같은 것이 왔다고 생각하고 나와 애인이 얼마나 깊은 확신을 가지고 서로 만나고 있는지, 그리고 내게 어떤 비전이 있는지를 설명했다. 너무 떨어서 무슨 말씀을 드렸는지 정확하게는 기억이 나지 않는다. 아버님은 가만히 내 이야기를 들으시더니 애인에게, "잘 만난 것 같네. 잘 살아."라고 하셨고 어머님은 "내가 평생 가수를 좋아해 본 적이 없는데 요즘 들어 임영웅이가 좋더라니, 가수 사위를 얻으려고 그랬나 보네."라고 말씀하시며 나를 꽉 안아주셨다. 그다음에 내가 뭐라고 했는지는 잘 모르겠다. 옆에서 애인이 울었던 것만 기억난다.

2. 101호

 가로수가 유독 많은 동네의 저층아파트. 사시사철 '立春大吉, 建陽多慶'이 적혀 있는 101호의 문을 열 때면 아직도 긴장이 된다. 그곳이 여전히 불편하다는 이야기가 아니다. 그 문을 열면 나는 부러질 듯한 상다리를 마주해야 한다. 이제 우리 사이에 이렇게 까지 하지 마시라고 아무리 말씀을 드려도 장모님께서는 내가 갈 때마다 진수성찬을 내오신다. 우리 집에서는 메인메뉴로도 보기 힘든 삶은 문어나 생선조림 같은 것이 거기서는 밑반찬이다. 그렇다면 메인메뉴는 무엇인가 묻는다면 쉽사리 대답하기 어렵다. 영화로 치면 최민식, 송강호, 김윤석, 하정우가 동시에 출연하는 셈이다. 소고기구이, 돼지김치찜, 잡채가 동시에 상 위에 올라온다면 도대체 누가 주연이란 말인가. 처음 방문한 날 만났던 밥상은 그야말로 블록버스터 급이었다. 회가 있었고, 돼지보쌈이 저 말석에 있었으며, 소 등심으로 배가 찰 무렵 갑자기 킹크랩이 등장하기도 했다. 그리고 사위와 장모 사이에 대해 이야기할 때 항상 등장하던 전설의 씨암탉. 그것이 실제로 존재한다는 것을 나는 그날 처음 알았다. 그 맛이야 길게 설명할 필요가 없다. 오죽하면 우리 처남 장가 가던 날 축가를 부르러 나간 내가 마이크를 잡고 그 많은 하객들과 처남댁에게 우리 장모님 요리 솜씨 자랑을 했을까.

그렇게 밥을 먹고 나면 당연히 잠이 쏟아진다. 처음에는 이게 난감한 일이었는데 이제는 전혀 문제가 되지 않는다. 안방에 있는 돌침대에 누워 한숨 늘어지게 자고 일어나면 그만이다. 장모님께서는 나에게 그 집을 내 집처럼 편하게 여기라고 말씀하시고, 나는 이제는 고생하지 마시고 간소하게 차려 달라고 말씀드린다. 서로 간에 오간 약속인데 언제나 나만 지킨다. 나는 정말로 그 집이 편해지는데 장모님 밥상은 도무지 간소해지지 않는다.

3. 의문

 엄밀히 말해 장인어른, 장모님과 내가 피를 나눈 사이는 아니지 않은가. 그렇다고 두 분이 나를 오래 아신 것도 아니고. 나는 무엇을 잘했기에 이런 호사를 누리는가. 매번 맛있는 밥상과 따뜻한 말과 다정한 손길을 내어주시는 이유가 도대체 무엇인가. 장모님은 왜 내게 늘 장한 사위라고 말씀을 하시는가. 나는 가수 사위이기는 하지만 임영웅 같은 가수 사위는 아니지 않은가. 장한 일을 한 적이 없는데 나는 왜 매번 장한 사위인가. 장인어른은 왜 내게 매번 건강을 챙길 것을 당부하시고 우리 아버지와 할머니께 당신의 고향인 남해 섬마을에서 난 향긋한 마늘과 시금치를 보내주시는가. 왜 밤 열 시면 주무시는 분들이 밤 열두 시까지 내가 출연하는 라디오를 귀를 쫑긋 세우고 듣고 계시는가.

내가 딸의 남편이기 때문에? 어째서 금이야 옥이야 기른 사랑스럽고 귀한 딸의 배우자가 되도록 그토록 흔쾌히 허락을 해 주신 것일까? 여전히 나는 부족한 점 투성이의 남편이고 사위인데.

4. 산호

아들 산호가 태어났다. 아내도 나도 부모가 되어본 적이 없어서 허둥대기를 벌써 일 년 하고도 일 개월째다. 그 우당탕탕 정리 안 되는 일상이 그나마 꾸역꾸역 굴러가고 있는 것은 이따금 우리를 찾아와 숨통을 틔워주시는 분들이 있기 때문이다. 바로 우리 장모님과 처형, 산호의 외할머니와 이모 덕분이다.

산호는 외할머니를 굳이 외할머니라고 구분 지어 부를 필요가 없다. 산호의 친가 할머니, 즉 우리 어머니가 일찍 돌아가셨기 때문이다. 우리 아버지는 그 부분에 대해 내 아내에게 미안해하시기도 한다. 산호 돌보는 일을 가끔이라도 도와주고 싶은 마음이 있지만 아버지는 아기를 돌본 적이 별로 없다. 우리 어머니가 계셨다면 도움이 되었을 텐데 하며 아쉬워하신다. 그러나 산호는 아마 친가 할머니 안 계신 아쉬움을 모르고 살 거다. 봉사활동과 종교활동 등으로 바쁘신 와중에도 꼭 한 주에 한 번은 지하철로 한 시간 반 거리의 우리 집을 찾아와 누구보다 신나게 산호랑 놀아주시는 외할머니가 계시기 때문이다. 할머니 두 분이 아니라 다섯 분 여섯 분이 계셔도 그렇게 열정적으로 아기를 돌보시기는 어려울 것이라 생각한다. 할머니가 가르쳐주신 덕분에 산호는 '도리도리'도 할 줄 알고 '찡긋'도 할 줄 안다.

처형은 이제 내게도 처형이 아니라 '솔이 이모'가 되었다. 솔이 이모는 분명 생전 아기 한 번 안아 본 적 없는 사람이었는데 이제는 야무진 손으로 나와 아내 못지 않게 능숙한 자세로 산호를 안아 드는 베테랑이 되었다. 아내는 몸과 마음이 지칠 때 솔이 이모를 집에 부른다. 솔이 이모는 할머니 다음 가는 산호의 베스트 프렌드이자 아내의 멘탈 코치 역할까지 해 준다. 그녀가 다녀간 날이면 아내의 표정이 한결 밝다.

아직 산호를 보면 어쩔 줄 몰라 하는 처남과 처남댁, 그러니까 산호의 외삼촌과 외숙모의 다정한 마음도 나는 잘 알고 있다. 산호의 인생 첫 용돈을 챙겨준 사람들이 바로 외삼촌과 외숙모라는 사실을 산호한테 꼭 말해줄 거다.

5. 운명

　불과 3년 만에 이토록 다정한 사람들과 다정한 마음을 깊게 나누게 되었다. 감사한 일들이 쌓여간다는 것은 그들이 나한테 그만큼 베푼다는 이야기이다. 이러한 일들의 이유를 찾아 분석한다는 것은 불가능한 일이다. 세상에는 딱히 이유가 없는 일도 있기 때문이다. 별 이유 없이 나는 사랑을 받고 응원을 받는다.

　굳이 말하자면 운명이라는 단어를 꺼낼 수밖에 없다. 우리는 애초부터 이렇게 될 사이가 아니었을까 하는 생각이 들곤 한다. 내가 아내를 만나게 되고 아내를 통해서 사랑스럽고 다정한 처가 식구들을 만나고 산호까지 태어나 모두가 처음부터 한 가족이었던 것처럼 지내게 되는 것은 그냥 그렇게 예정되어 있었던 일인 것처럼 자연스럽다.

6. 기둥

 어느 날 장인어른께서 이런 말씀을 하신 적이 있다. "네가 우리 집안의 기둥이 되어 주었으면 좋겠다." 나는 그 말씀이 무슨 뜻인지 안다. 나 역시 장인어른의 삼 남매와 더불어 당신의 자식으로 여기시겠다는 말씀이고, 그들 중 나이가 가장 많은 내가 모두를 잘 챙겨주길 바라는 마음일 거다. 장인어른은 내게 무거운 책임을 맡기시는 듯한 표정을 지으셨지만 생각하지 못하신 부분이 하나 있다. 지붕을 떠받치는 기둥은 지붕 덕분에 비를 맞지 않는다는 거다.

 장인어른과 장모님이 쌓아 올린 지붕을 든든하게 받치는 삼 남매 기둥이 이미 잘 자리 잡고 있는 이 집에 내가 네 번째 기둥이 되어 한 자리를 차지하게 되었다. 그로 인해 이 집이 조금이라도 더 편안한 곳이 된다면 좋겠다. 이 견고한 집 안에 아름다운 이야기들이 많이 피어났으면 좋겠다.

이곳에 머물 수 있게 되어서 감사하고 다행스럽다.

언제나 1미터 안에 있다

이성혁

쓰고 만드는 사람. 매일 '꾸준히 쓰면 어떤 세계가 열릴까?'라고 질문합니다. 『2분 30초 안에 음료가 나가지 않으면 생기는 일』, 『내가 카페에서 들은 말』 등을 썼습니다. 그리고 숲물결

"왔네."

2021년 개봉한 영화 <미나리>에서 모니카가 한 대사이다. 모니카는 남편 제이콥을 따라 미국 아칸소로 이민 온 한인 여성이다. 남편과 아메리칸드림을 이루기 위해 미국으로 왔다. "왔네."라는 말은 손주를 돌봐주기 위해 한국에서 미국까지 온 엄마를 아주 오랜만에 만나고 처음 한 말이다. 모니카가 이 대사를 내뱉을 때 나는 왜 그리 울었을까. 짧은 두 음절에서 아주 긴 마음이 느껴졌다. 캐나다에서 누나가 엄마를 만났을 때, 엄마가 누나를 만났을 때 그 동일한 긴 마음이 느껴져서였다.

누나가 떠나던 날을 기억한다. 나는 대학 새내기였다. 그날은 학교에 가지 않았다. 아빠는 그날 세탁소 문을 열지 않았다. 트렁크에 누나의 짐을 가득 넣었다. 차를 타고 인천으로 갔다. 가족 여행을 가는 기분이 들었다. 우리는 이렇게 늘 여행을 떠났으니까. 비행기를 타는 사람은 누나 혼자였다는 것만 달랐다. 나는 어렸고 누나가 어디로 가는지 언제 돌아오는지 알지 못했다. 잠시 다녀온다고 생각했다. 15년이 지난 지금까지 누나가 그곳에 있을 거라고 생각했으면 나는 누나에게 더 친절했을 것이다.

누나가 캐나다로 떠나기 전까지 엄마는 내게 자주 이렇게 말했다.

"엄마, 아빠가 죽으면 누나가 엄마고 아빠야." 그리고 꼭 한 마디를 덧붙인다.

"서로 의지하며 살아야 해."

사실 요즘도 가끔 엄마는 그렇게 말한다. 내가 태어나고 누나가 집에 없던 순간은 단 한 번도 없었다. 나보다 5년 먼저 세상에 와서 나를 기다리고 있었으니까. 누나는 언제나 말한다.

"네 똥 기저귀 내가 다 갈아줬다."

세상에 많은 첫째는 동생을 질투하고 산다고 한다. 나는 동생이 없어서 질투해 본 적이 없다. 다섯 살 아기는 동생이 무엇이었길래 그렇게 챙기고 싶었을까. 누나를 생각하면 챙김을 받은 기억밖에 없다.

누나는 한국을 떠나고 3년 후에 결혼했다. 상대는 홈스테이하던 집 아들이었다. 매형은 아주 오래전에 캐나다로 이민 온 캐나다 사람이었다. 내가 군 제대를 하고 6개월 뒤에 누나가 결혼했다. 결혼식을 위해 캐나다행 비행기에 몸을 실었다. 누나의 결혼식 전날 매형과 처음 만났다. 공항에 마중 나온 매형은 나를 꼬옥 안아주었다. 첫 만남에서 많은 이야기를 나누지 못했다. 우리는 쓰는 언어가 달라서 입이 아닌 행동으로 대화했다. 누나의 결혼식을 마치고 누나는 캐나다에서 모은 돈으로 엄마와 나를 미국에 보내줬다. 보내줬다는 말이 맞다. 돌이켜보면 누나는 지금의 나보다 어린 나이였고 타국에서 모은 소중한 돈이다. 나는 고마운 것도 모르고 엄마와 일주일 동안 미국 서부를 여행했다. 나는 아무 생각이 없었지만, 엄마는 어떤 마음이었을까. 나는 알 수 없는 감정이다. 누군가의 부모가 되어보지 못했으니까. 누나의 마음도 알 수 없다. 청춘을 부모님께 드린 적이 없으니까.

누나가 밉던 시절이 있다. 서울에서 부모님과 시간을 보낼 때, 가끔 누나의 부재를 느낄 때 캐나다로 떠나 돌아오지 않는 누나가 미웠다. 남매에서 외동이 된 기분을 느끼고 책임이 두 배로 커진 느낌이었다. 누나에게도 그 마음이 닿았는지 어느 날 서울에서 누나가 나에게 말했다.

"너는 내가 가족을 한국에 두고 캐나다에서 편하게 사는 줄 알지?"

솔직히 그렇게 생각한 적도 있다. 그리고 누나는 말했다.

"영원히 함께하고 싶은 사랑하는 사람이 생겼는데 사랑하는 사람을 두고 올 수는 없잖아."

나는 이 말로 누나를 미워하지 않게 되었다. 이해하게 되었다. 어쩔 수 없는 것을. 나라도 동일한 선택을 했을 테니까. 사랑은 어쩔 수 없는 거라고 나는 알고 있으니까. 그래서 다행이라고 생각했다. 누나가 캐나다에서 영원히 혼자가 아니라고 알게 되었으니까.

내가 영어를 더 잘할 수 있다면. 아니, 대화할 수 있을 만큼 할 수 있다면 나와 매형은 어떤 대화를 할까. 매형과 많은 이야기를 나누고 싶다. 만날 때마다 내 짧은 영어를 탓한다. 더 깊은 이야기를 나누고 싶다. 가족이니까 매형을 더 알고 싶다. 내일부터 영어를 공부해야겠다.

나와 누나는 같은 배에서 나고 같은 환경에서 자랐는데 머리부터 발끝까지 다르다. 첫째는 다 그런가. 누나는 어려서부터 모든 것을 혼자 뚝딱했다. 캐나다에서도 한국에서 전공과 다른 일을 뚝딱해 내고 있다. 캐나다에서 공부하고 있다는 이야기가 들리더니 어느샌가 병원에서 일을 하기 시작했다. 나는 그런 누나가 자랑스럽다.

몇 년 전 두 명의 연예인이 우리 세탁소로 걸어들어왔다. 아빠에게 아빠의 이야기를 들려달라고 말했고, 퀴즈를 함께 풀자고 했다. 아빠는 말했다. 딸이 가까이 살지 않지만 열두 시간이나 걸리는 캐나다에 있어서 너무 좋다고. 나는 작은 나라에 있지만 딸은 넓은 세상을 볼 수 있는 것 같아서 좋다고 말했다.

몇 년 전부터 매년 한 번씩 누나가 서울에 온다. 서울에 오지 못하는 해면 엄마와 아빠가 캐나다로 간다. 매일 볼 수 없어도 매년 본다. 그게 참 다행이라고 생각한다.

가끔 누나와의 거리를 생각한다. 서울에서 밴쿠버까지는 8,200킬로미터, 서울에서 부산까지 열두 번을 왕복해야 닿을 수 있는 거리다. 하지만 언제나 1미터 안에 있다. 가족이니까. 언제나 가슴 속에 있다.

편집자의 말

이도형 시인

가족이란 가까이 있는 사람인가요. 가까이 있다면 그 누구라도, 그 무엇이라도 가족이 될 수 있나요. 그렇지 않다면 가족이란 무엇인가요. 멀리 있어도 가족이 될 수 있나요. 멀어지고 싶은데도 가족은 가족인가요. 가까움과 멂. 거리로는 정할 수 없는 것이 가족인가요. 그렇다면 당신에게 당신의 가족은 어떤 의미인가요. 당신은 언제부터 당신의 가족과 함께 살아왔나요. 당신은 언제부터 당신의 가족으로부터 멀어졌나요. 당신은 지금 자유로운가요. 당신은 지금 그리운가요. 당신은 지금 행복한가요.

　가족에 대해 생각할수록 가족에 대한 질문과 그 질문으로부터 뻗어 나온 또 다른 질문들이 늘어납니다. 누군가에겐 가족은 삶의 원동력이며, 삶의 기쁨입니다. 하지만 누군가에겐 가족은 삶의 미스터리이자 고통의 근원입니다. 가족은 미궁처럼 깊습니다. 가족은 가까우면서도 멉니다. 행성과 행성의 위성처럼, 가족은 광활한 우주에서 서로 가장 가까운 존재이나 동시에 각자의 인력과 척력으로 절대 서로에 닿지는 않는 관계 같기도 합니다.

가족은 만들어지는 것입니까? 가족은 만들어가는 것입니까? 가족은 선택할 수 없는 것입니까? 가족은 선택할 수 있는 것입니까? 당신은 어떻게 생각하나요. 당신은 당신이 생각한 대로의 가족을 정확히 살아갑니까? 그렇지 않다면 그 이유는 무엇인가요.

여기 가족에 대해 쓴 열두 편의 글이 있습니다. 어떤 이야기는 가족이어서 할 수 있습니다. 어떤 이야기는 가족이어서 해야만 합니다. 반면 어떤 이야기는 가족이어서 할 수 없습니다. 어떤 이야기는 가족이어서 하지 않아야만 합니다. 당신은 당신의 가족에게 어떤 이야기를 하고 싶나요. 당신은 당신의 가족에게 어떤 이야기를 하지 않고 싶나요. 열두 명의 작가가 쓴 각기 다른 열두 편의 가족에 대한 이야기를 읽어봅니다. 무수한 질문에 조금 답이 되었나요. 아니면 질문은 늘어만 났나요. 언젠가 당신에게도 그동안 하지 못했던 당신의 이야기를 담담히 풀 수 있는 날이 오기를 바랍니다.

맺음말

이상명

1.

생득적으로 가족이라는 관계를 갖게 되어 누구보다 친밀한 존재가 있습니다. 후천적으로 관계를 형성하며 친해져서 가족이라 부르는 경우도 있습니다. 친하다는 말의 사전적 의미는 가까운 사이여서 정을 많이 나눈 사이라는 말입니다. 혈연이 아닌 관계에서 가족 같다는 말은 친함의 단계를 넘어선 조금 더 가까운 사이라는 뜻입니다.

많은 경우, 마음의 상처는 가까운 혹은 가까웠던 이에 의해 생깁니다. 나와 상관없는 사람이 나에게 큰 상처를 주는 일은 생각보다 쉽지 않습니다. 때로는 어떤 결과로 인해 누군가와의 관계와 거리를 알게 되기도 합니다. 어떤 사람들이 준 상처가 내게 크지 않다면, 그들은 생각만큼 친한 사이가 아니었던 것이죠. 또한 정말로 친밀한 관계라서 서로의 방황과 그 시간이 주는 무관심과 아쉬움을 지나도 언제나처럼 머물러 있는 사람도 있습니다.

가족이어서 할 수 없는 이야기를 기획했을 때는 고마움과 감사함의 전형적인 표현의 모음보다 고맙고도 감사하기에 표현하지 못한 감정들을 이야기로 듣고 싶었습니다. 또한 한때 너무 가까웠기에 주고받았던 상처에 관한 이야기도 듣고 싶었습니다. 가족이기에 할 수 없던 이야기는 결국 가족이기에 해야만 하는 이야기도, 정말로 가족에게 하고 싶었던 이야기도 품에 담고 있습니다. 또한 상대를 변화시키거나 아니면 최소한 바꾸기 위해 노력한 행위들도 포함합니다. 이 모든 이야기는 결국 나를 나답게 지키기 위해 내가 해왔던 노력의 기록일 거라 생각합니다.

2.

상당수의 게임에는 직업이나 클래스를 가진 캐릭터가 등장합니다.

레벨이 오르거나 스탯과 조건을 충족해 상급직으로 전직할 수 있는 기회가 주어지곤 하는데요, 이는 일종의 성장이 되곤 합니다. 이 성장이 바람직한 방향으로 진행이 되면 좋겠지만 가끔은 망캐가 탄생을 하기도 합니다. 관심이 호감이 되고 호감이 좋아해가 되고 다시 그 모든 과정을 올바르게 거쳐 성장했을 때 사랑해가 된다는 생각을 가지고 있습니다. 그만큼 저에게 사랑한다는 말은 오랜 시간 정말 잘 키운 캐릭터의 최상급직과 같이 어렵고도 위대한 말입니다.

어릴 때 내 나이가 되면 '평범한' 어른이 되어 있을 줄 알았습니다. 이 나이쯤 되면 당연히 단단하고 굳건하며 경제적으로는 안정적이고 주변인들과 원만한 '평범한' 가장이 되어 있을 줄 알았습니다. 이 나이가 되어서야 느끼는 평범함의 어려움은 평범함을 가장한 비범한 이들에게 한없는 존경을 보낼 수밖에 없게 만듭니다. 지금도 '평범한' 어른이 되기 위해 하루하루 살아가며 나에게 '평범한' 어른이 되어 주었던 모든 이들에게 말을 전하고 싶습니다. 사랑했습니다. 그리고 사랑합니다.

77 page

1st COLLECTION	**사랑한 후에**
2nd COLLECTION	**나를 채운 어떤 것**
3rd COLLECTION	**이름 시**
4th COLLECTION	**부치지 않은 편지**
5th COLLECTION	**우연한 인연**
6th COLLECTION	**언젠가 우리 다시**
7th COLLECTION	**다시 보기**
8th COLLECTION	**그래서 오늘은 무슨 음악**
9th COLLECTION	**이해라는 오해에 관하여**
10th COLLECTION	**가족이어서 할 수 없는 이야기**

PAGES 10th COLLECTION

가족이어서 할 수 없는 이야기

강백수	손현녕
김시은	안소현
김연지	이성혁
두루	정현지
리누	조가비
박지용	차영남

기획	**이상명**
편집	**이도형**
일러스트	**노유진**
디자인	**김현경**

펴낸곳	**77PAGE**
이메일	**77pagepress@gmail.com**
스마트스토어	**77page.com**
인스타그램	**@gaga77page**

초판 1쇄 발행 **2025년 10월 27일**

*이 책의 내용의 전부 또는 일부를 재사용하려면
펴낸곳을 통해 저작자의 동의를 받아야 합니다.

77page